# 子どもの才能を最大限伸ばす子育て

「母親にしかできないこと」
「母親だからできること」42

内村周子 × 佐藤亮子

体操金メダリスト
内村航平の母

東大理Ⅲ
4兄妹の母

ポプラ社

# 佐藤亮子より、はじめに

みなさん、こんにちは。「佐藤ママ」こと佐藤亮子です。はじめましての方も、そうでない方もいらっしゃるかもしれませんね。

私は結婚してからおよそ30年、奈良で普通の専業主婦をしておりました。

しかし、息子３人が灘中学校・高等学校から日本一の難関大学と言われる東京大学、そのなかでも理科Ⅲ類（医学部／以下、東大理Ⅲ）に合格したことをきっかけに、『「灘→東大理Ⅲ」の３兄弟を育てた母の秀才の育て方』（ＫＡＤＯＫＡＷＡ）という本を書いたり、テレビ出演や雑誌取材等のオファーをいただいたりするようになり、次第に「佐藤ママ」と呼ばれるようになりました。

また、現在は関西の名門塾である「浜学園」のアドバイザーとして全国で講演活動を行い、悩めるお母さん方の相談に乗ったりもしています。

そしてこのたび、4人目の子ども（末っ子の長女で、京都の洛南高校に通っていました）も東大理Ⅲに合格したこともあり、あらためてこのような本を出版する機会をいただきました。しかも、あの体操金メダリスト、内村航平選手のお母様である内村周子さんとの共著で！

とても光栄なことだと思っております。


専業主婦として無我夢中で子育てに奔走していた環境から一変、「佐藤ママ」としてメディアに出るなかで、ありがたいことにさまざまな方とお会いする機会をいただきました。

なかでも、2016年の春、とあるテレビ番組の収録前に楽屋裏でばったりお会いした内村さんとの出会いは、私の中でとても大きなものでした。

内村さんは、国民的大スターであり世界を代表するあのオリンピック金メダリストの内村航平選手のお母様です。

そんなスポーツエリートを育てられたお母さんと、勉強が好きな子どもたちを育て

た私とでは、正反対の子育てをしていたように思われるでしょう。

しかし、お話ししてみると、自分たちでもおもしろいほどに意気投合。

私たちは、とてもよく似た「母」だったのです。

いったい、どこが似ていたのか。まず、とにかく子どもが大好きで大好きで愛しくてたまらないところ。

ほかにも、子育てに対する基本スタンス。早期教育の取り組み方。声かけなど日々のコミュニケーション。勉強習慣のつけ方。習い事への考え方。子離れ。そして、メディアや知らない方々に叩かれがちなところまで（笑）もそっくりだったのです。

「スポーツと勉強」というと、「水と油」に捉えられがちかもしれません。実際、スポーツにはスポーツの、勉強には勉強の苦労があるとは思います。

ところが、**自分が「やる」と決めたことは諦めずにやり切り、目標を達成し、自己肯定感の高い子どもを育てようとする「母親の姿勢」には、共通する点がとても多かったのです**（たとえば、私は子どもたちに運動を、内村さんは勉強をきちんとさせていたという「反対の共通点」もありました）。

本書をつくるうえで、内村さんとさまざまなテーマで語り合いました。「一緒、一緒！」と盛り上がるところもあれば、違うところも当然ありました。

でも、内村さんのどのお話も、

「ああ、だから航平さんや妹の春日さんは高い目標に挑戦し続けながらも、まっすぐ幸せに育ったんだな」

と、納得させられるものばかりでした。


私は子ども全員が東大理Ⅲに合格したこともあり、「子どもに勉強ばかりさせてきたスーパー教育ママ」だと思われがちです。

でも、決してそうではありません。だって、私自身は「東大に行ってほしい」なんて、考えたことも口に出したこともないんですから。

ただ、本人たちが「ここに行きたい」と目標を立てたのであれば、それを叶《かな》えてあげたかった。合格して笑顔になってほしかったし、悲しむ顔はなるべく見たくなかった……その一心で、たくさんの情報を集め、自分なりに理論を組み立て、試行錯誤し、早期教育から中学受験、大学受験のノウハウを編み出していっただけなんです。

我が子４人で実践してきたそのノウハウを、これから、一人でも多くの「目標を持ってがんばる子」、そしてそれを見守るお母さんに届けたいと思っています。

子育てに「これが正解」というものはありません。

子どもには一人ひとり違った個性があるし、それはお母さんだって同じです。

ですから、ぜひ、読者のみなさんには「自分の子育て」を「発明」してほしいと思います。私たちの経験が、その一助になれば幸いです。

# 内村周子より、はじめに

**「どうすれば航平くんのような子どもに育ちますか？」**

航平が体操選手として頭角を現してから、また、金メダルを獲ってからよく聞かれる質問です。「体操選手としてトップに上り詰めたのはもちろん、なぜあんなすばらしい受け答えができるのですか？」とも聞かれます。

それに対するわたしの答えはひとつ。

**「わかりません。ただ『自分流』で育てればいいんですよ」**

ありのままのその子を、たくさん愛してあげること。たくさん笑顔にさせること。好きなことを好きなだけさせること。そのために、親もちょっとだけがんばること……。

もし、子育てに「正解」があるとしたら、これしかないのではないでしょうか。少なくとも、わたしは航平や娘の春日をそうやって育ててきた、としか言いようがないのです。

わたしは、「内村航平の（ちょっと変わった）母」としてテレビに出演することもありますが、本業は体操のコーチ。普段は、自分と同じく元体操選手である夫と運営している長崎県諫早市の「スポーツクラブ内村」や東京・渋谷区などで子どもたちに体操の指導をしています。

わたしの実家の近くに念願のスポーツクラブを立ち上げたのは、航平が3歳のとき。はじめは輸送用コンテナをつなげただけの簡単な施設でしたが、次第に生徒数も増え、この25年で数えきれないほどの子どもたちと触れ合ってきました。現在では、なんと福岡県から特急列車で通うお子さんもいらっしゃいます。

スポーツクラブと言っても、「ただ体操の技術を教えればいい」とは考えてはいません。

「その子が大人になったときに幸せな人間になれるよう、少しでもサポートしていきたい」

そう考え、その子をまるごと認めてあげるようなコミュニケーションを取っていますし、礼儀やルールなども、できるだけ伝えようと意識しています。

そうしたなかで気になるのが、子育てに悩めるお母さんたちの多さです。

というのも、いまの時代は、わたしたちが新米ママだったころよりも格段に「情報」が増えています。いろいろな情報が錯綜し、その「いい」「悪い」の検証もさまざま。果ては外野からもやいのやいの言われる。

そうして「この育て方で本当にいいのだろうか……」と悩み、ノイローゼ状態になってしまうお母さん方が本当に多いんです。

**子どもが言うことを聞かない。習い事や塾を嫌がる。じっとしない。人の話を聞かない。集中力がない。友達ができない。**

**そして、自分もつい感情的になってしまう。毎日へとへとに疲れてしまう……。**

もしかしたら、本書を手に取っている方にも、そんな悩みを抱えていらっしゃるお母さんがいるかもしれません。

でもね、そんなに悩まないでください。

情報は、あくまで「よその子」たちの情報。よそさまの子育てについての話です。目の前にいる我が子を育てるのは、あなたがはじめてでしょう？

言うなれば、子どもにとっても「はじめてで唯一のママ」なわけです。

だから子育ては、「自分流」でいい。

いや、「自分流」しかないと、わたしは思うんです。

もし、母親に必要なスキルがあるとすれば、「この子にはこうすればいいんじゃないか？」という「母親の感覚」を研ぎ澄ますことかもしれません。

わたしは、自分が「これ、いいかも！」と思いついたアイデアはすべて生活の中で実践し、ひとつひとつ取捨選択することで「周子流」を確立していきました。そして、それが後から振り返ってみると右脳開発と呼ばれるものだったり、運動神経を鍛えるものだったり、といったことが多々ありました。自分で言うのもなんですが、アイデアマンなんですね（本書では、みなさんの参考になるかどうかわかりませんが、わたしが取り入れたアイデアもお伝えできればと思っています）。

わたしのような人間からすると、佐藤家はピカピカと光り輝く「すごい家」です。「どうしたら子ども全員が『あの』東大、しかも最難関の理Ⅲに合格できるの？」そう不思議に思っていろいろと質問攻めにしてわかったのは、佐藤さんも「佐藤ママ流」を確立した方だということでした。

やっぱり、周りになんと言われようと、お母さんの愛情あふれるオリジナルの子育てに勝るものはないんです。

このような本に参加しておきながら申し訳ないのですが、わたしには「Aという悩みにはBというやり方がいいよ」なんて言えることはひとつもありません。

ここからお話しするのは、すべて「内村航平と内村春日を育てた、内村周子のやり方」。

みなさんも、肩の力を抜いて「自分流」の子育てを手づくりしていってください。

「自分は自分！」と自信を持って言えるようになると、子育てって、とーっても楽しいですよ！

Introduction

# 内村家 & 佐藤家 家族紹介

## 【内村家】

### 父（内村和久）

スポーツクラブ内村代表。

自身も現役時代にインターハイ種目別優勝など体操選手として活躍後、結婚し、妻の実家である長崎でスポーツクラブを開設。妻と違って、控えめで思慮深いが、いざというときには頼りになる一家の大黒柱。

### 母（内村周子）

スポーツクラブ内村コーチ。
小学３年生からバレエ、中学２年生から体操を習いだし、大学時代には「九州学生体操競技選手権大会」で見事優勝。現在も現役の体操選手。朝６時の起床からノンストップで動き、夜中の３時まで３時間睡眠でフル稼働。２人の子どもを大好きすぎたり、クラブのキッズクラスでは子どもたちを前に笑顔をのぞかせたりする一面も。

## 長男（内村航平）

プロ体操選手。

全日本選手権前人未到の10連覇、さらにオリンピック３大会に出場し、個人・団体で７つのメダル（金３つ、銀４つ）を獲得するなど、体操界のレジェンド。しかし、根っからの体操エリートというわけでなく、中学時代までは予選通過と予選落ちを繰り返していた。子どものころは内気でおとなしかったものの、体操が大好きでオリンピックに出る夢をずっと持ち続けていた。

## 長女（内村春日）

体育科教師＆スポーツクラブ内村コーチ。

小さいころから兄と一緒に体操一筋ですごす。なんでも器用にこなし、あらゆることに興味を持つ明るい性格。全日本学生選手権の個人総合での優勝経験もある。2012年に現役引退。現在は、体育科の教師として勤務する一方で、スポーツクラブ内村のコーチとしても活躍。

## 【佐藤家】

### 父

弁護士。奈良県内で弁護士事務所を開業。

子育ては、妻を信頼し、全面的に任せてきた。塾の迎えをずっと担当。母の第１の応援者で、一貫して優しく見守ってくれている。

家事は苦手だが、健康に対する意識は高く、毎朝30分のヨガ、月１回の絶食で自ら節制するので、妻としては手がかからない夫である。

### 母（佐藤亮子）

４人の子どもの子育てを26年間楽しんだ。忙しい時期は睡眠時間が２時間半だったこともある。現在は４人とも家を出たので、少し寂しく思うことも。メディアに出ると「教育ママ」「厳しいお母さん」と思われがちだが、家事などは意外と大雑把で気楽な性格の面もある。

### 長男

中１の入学式の翌日から今までずっとサッカーに打ち込んでいる。高３の夏までサッカー部に所属した。暗記が得意で慎重派だが、現役のとき唯一、慢心からの油断で東大理Ⅲに不合格。再受験で翌年理Ⅲに合格。得意教科は答えがはっきりしている理数系教科。

## 次男

4兄妹のなかではいちばん社交的で、話すのが好き。そのため、後継者として弁護士にと父親に期待されたが社会が嫌いで理Ⅲを受験。中学校の3年間は野球部で、高校は文化祭などで楽しく活動した。コンスタントに勉強するのが苦手で大学受験は高3の12月から集中して乗り切った。得意教科は理数系教科、苦手教科は国語と社会。

## 三男

芸術家肌で寡黙で頑固。何事も自分が納得していないと進まず、きちんと調べるのが好き。灘中入試では兄2人の存在がプレッシャーとなり苦労したが、東大受験では逆に兄2人の存在は大きな支えとなる。4人のなかでいちばん文系寄りで、英語が得意で数学が苦手。

## 長女

唯一の女の子であり末っ子なので、かなりのんびりした性格。地道に努力するタイプなので、長期的な計画で進める。高2の2月から3ヶ月間ほど、体調を崩すというアクシデントもあったが、乗り切って合格。英語と数学が得意で社会が苦手。

## 第1章 「伸びる子」のお母さんの心構え、考え方

## 第2章 「伸びる子」のお母さんのコミュニケーション

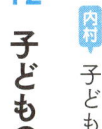

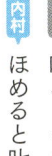

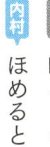

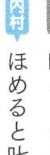

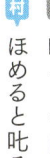

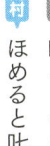

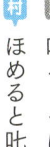

## 第3章

# 結果に結びつく早期～幼児教育

# 第4章 子どもが育つ生活のルール、家族のルール

## 第6章 試験・試合。「本番に強い子」の育て方

編集協力：田中裕子（batons）
本文デザイン：松好那名（matt's work）

# 第1章

# 「伸びる子」のお母さんの心構え、考え方

1

## 心構え①
# 親の仕事

18歳まではすべて親が責任を持つ

優先順位は子どもが常に1番

# 18歳までは、すべて親の責任

この数年、親御さんたちを対象とした講演会などでお話しさせていただいていますが、ときどきこのような質問をいただきます。

「どうすれば『いい親』になれるのでしょうか？」

そもそも私は、「いい親」というのはあいまいな言葉で、はっきりとは定義できないと思っています。

理想のお母さん像は、人それぞれ。「いつもニコニコしているお母さん」という人もいるでしょうし、「常に子どもに考えさせるお母さん」という人もいるでしょう。

結局のところ、**「自分はどんな親になりたいだろう？」**と考え、その姿に近づくよう、日々の子育ての中で試行錯誤するしかないんですよね。

ただ、私は2つの「子育ての指針」を持っていました。

**ひとつめは、「鮭みたいなお母さん」。**

大海を泳ぐ鮭という魚は、命からがら自分が生まれた川に戻って産卵したら、そのまま死んでしまいます。愛する子どもたちがちゃんと卵から孵《かえ》るか、ちゃんと育つか見届けることもせず、「あとは自力でがんばれ」と言わんばかりに息絶えてしまう。

それを知ったとき、私は「なんて潔いんだろう！」といたく感動しました。「私もこんなふうに潔く子離れしたい」と。

とはいえ、人間社会において「産んですぐ放流する」なんてわけにはいきません。人間の赤ちゃんは動物に比べて極めて非力ですし、教えることや手助けすることが多すぎるのです。

そこで私は長男が生まれたとき、「人間の18歳が鮭の産卵時期」と心に決め、以下のような目標を立てました。

**「18歳までは精一杯お世話しよう。でも、18歳になったら潔く『じゃあね』と手を振ろう」**

自分の18年間という時間をすべて子どものために使い、子どものすべてに責任を持とう、と腹をくくったわけです。

18年間と言うと、長く感じるかもしれません。

でも、1日の約3分の1は睡眠の時間と考えると、18年のうち6年は寝ているわけですよね。残りの12年間も、最初のほうは意思疎通のできない赤ん坊ですから、実質「コミュニケーションを取って育てる時間」はとても短い。

ほんの短い間しか一緒の時間を過ごせないのであれば、めいっぱい愛して、なによりも優先してあげたい、と自然と思えたのです。

「鮭のようなお母さんになる」と決めて長男を産んだ私のもうひとつの「指針」。

それが、**「40歳になった子ども自身が『いまも楽しいけど、子どものころも幸せだった』と思える子育てをする」**ということでした。

これは、「昔はよかったのに……」というような意味ではありません。

自分の好きな仕事に就いて、食べていけて、家庭もあり、毎日が楽しい。そんなときに、

「でも、お父さんとお母さんときょうだいで暮らした18年間もよかったなあ」

としみじみ振り返れるような毎日にしたい。生まれたての我が子の顔をじっと見つ

めながら、そう思ったのです。

そんなビジョンを思い描くと「どんな子育てがしたいか」「どんな家庭にしたいか」がどんどん明確になっていきましたし、

「もし子どもが受験を望んだとしたら、失敗して悲しい思いをしてほしくない。成功して、いい思い出やいい経験にしてあげたいな」

という思いもふつふつと湧《わ》いてきました。

「合格してうれしい」という面だけでなく、努力して目標を達成する経験は自己肯定感を育てるためにも欠かせないだろう、と考えたのです。

そうして逆算したところ、もし中学受験に挑戦するとして、成功させるためには早いうちから先取りする必要があると考えました。そして、「佐藤ママ流」の子育てを始めたのです（早期教育については後ほど詳しくお話ししていきます）。

## 優先順位1番は、常に子ども。「後でね」とは言わない

最初の子どもである航平が生まれたとき、

「ああ、すべての幸せをもらった！」

と感じたのが、昨日のことのように思い出されます。「もうなにもいらない。これ以上の欲を出したら罰《ばち》があたる」と本気で思ったんです（2年後、娘の春日が生まれたときも、また同じように感じたのですが）。

ですから、わたしの子育てのベースにある考え方は、**「生きていてくれればいい」**。本当に、心からそう思っているんです。

たとえば航平でいうと、北京、ロンドン、リオデジャネイロ。どのオリンピックのときも、「金メダルなんて獲れなくたっていい。ただ、ケガをせず、元気に笑っていてくれればそれでいいよ」と心の底から思っていました。

わたしは小さいころからお嫁さんになるのが夢でした。はやく「理想のお母さん」になりたくて、仕方なかった。

その理想のお母さん像というのが、「子どもをとにかく愛する。たくさん抱きしめる、ほめる。子どものしたいことをさせる。手づくりのおやつとごはんを毎日用意する。夫とはずっと変わらず仲良し」でした。

……我ながらませていたなと思うのですが、おもしろいことに、これは実際に子どもを産んでから心がけたこととまったく同じだったんです。

だからわたし、子育てにおいて後悔はまったくありません。

どんなときも100％向き合ってきたし、怒らず、急かさず、責めず、追い詰めない、自分にとっての「理想のお母さん」をまっとうできたと胸を張って言えます。

たとえば、わたしは航平たちに話しかけられたとき、「後でね」と言ったことは一度もありません。「ママ、忙しいの」という言葉を発したことも、一度もないんですよ。

だって、せっかく子どもが親を求めているのに拒否するなんて、可哀想じゃないですか。それに、「心が亡くなる」と書いて「忙しい」でしょう。そんな悲しい言葉を子どもに使うの、なんだか嫌だったんです。

**わたしは、いつも「いまが大切、いましか大切じゃない」と思っています。** たとえ料理中だとしても、子どもがママに話しかけたいと思っている「いま」が大事です。

それは、子どもたちが成人した現在も同じです。

子どもたちから「いま」電話が来たら、講演会の途中でも、インタビューの途中でも、たとえアメリカの大統領と会談中であっても、「ちょっとすみません」と言って出るでしょう。もちろん、急用でなければすぐに切りますが。

そうして「いま」を大切にして「後でね」と言わない理由としては、「子どもが可哀想」ともうひとつ、「ただ自分が怖いから」も挙げられます。

スルーしてしまった電話が、「ママ、具合が悪くて死にそう」というメッセージだったら、「事故に遭った」という連絡だったら……そう思うと、怖くありませんか？

**「なぜあのとき出なかったんだろう」と後悔する可能性が1％でもあるなら、ほかの仕事が遅れて怒られたっていい。**そう思います。

子どもの優先順位は、常に1番。それが、周子流です。

2

## 心構え②
# 親の姿勢

プラスのエネルギーで家を満たす

親は子を甘えさせる

佐藤

# 大人である親は、子どもを萎縮させてはいけない

「鮭」と「40歳」という2つの指針に加え、私には絶対に「子どもに与えたい家庭の3点セット」がありました。それが、**「あたたかくて」「おいしくて」「安心して寝られる」家をつくるということ。**

家に帰ればあたたかくニコニコと出迎えてくれる親がいる。大好きなごはんが用意されていて、一緒に食卓を囲む（凝ったものでなくてもいいんです）。そして、安心してぐっすり寝られる布団がある。

そんな「プラスのエネルギー」を家に満たしておくことを意識しました。

学校や塾は、親の目の届かない場所です。そこでは当然、嫌なこともあるでしょう。でも、家の中は私がコントロールできます。外でなにがあっても、家に帰れば心が安らぐし、つらいことも忘れられる――そんな場所をつくる責任が親にはあると思うのです。

1 心構え 考え方
2 コミュニケーション
3 早期～幼児教育
4 生活&家族のルール
5 能力の伸ばし方
6 本番に強くなる方法

当たり前のことだと思われるかもしれません。でも、むずかしいのが、この3点を常に一定以上に満たすこと。これは、

「お母さん、今日はなんだか不機嫌だな……」

「最近、お父さんとお母さんがケンカしていてギスギスしているな……」

と、子どもを萎縮させる日があってはいけないということです。

親は、大人です。感情のコントロールができる人間です。大人として、子どもを縮こまらせて心の負担を増やすことは「大人げないこと」ではないでしょうか。

私は「スパルタ教育ママ」だと思われがちですが、子どもたちを萎縮させたり抑圧したりするような言動は一切しないよう、かなり気をつけていました（後ほどお話ししますが、子どもに対して感情的になることはほぼありませんでした）。

子ども4人を東京に出すまでの26年間、負のエネルギーを家に溜めないよう徹底したのです。そのおかげか4人とも、ちょっと物足りないくらいのんびりと大らかに育ってくれましたよ（笑）。

**子どもが親の顔色をうかがわない、ビクビクしない、ただただ幸せな場所。**そん

な家を目指すのが、お母さんとして最低限のラインなのかな、と思うわけです。

# 親は、子どもの失敗を責めずに「甘えさせる」

前項で「子ども最優先」という話をしましたが、実際、出張レッスン中に大学生になったばかりの航平から電話があったこともあります。

生徒さんに「一生のお願いですから、すみません！」と電話に出させてもらうと、

「いま羽田なんだけど、長崎行きの便に乗り遅れちゃって」

と言います。

「もう少しで搭乗ってところでイスに座って待っていたら寝ちゃったみたいで、気づいたら乗るはずのＪＡＬの飛行機がいなくなってたんだよね」

きっと練習で疲れていたんでしょうね。そこでわたしが慌てたり責めたりしても、仕方がありません。

「じゃあ、すぐＡＮＡに替えてもらうから、それに乗りなさい」

と伝えて電話を一度切り、旅行代理店に連絡し、飛行機を振り替えてもらいました。

すると今度は、ターミナルを結ぶ地下通路で行けば間に合うのに、航平はわざわざシャトルバスに乗ってしまったようで、その飛行機にも遅れてしまったんです。その連絡を受け、再度旅行代理店に電話をして後の便に振り替えてもらったわけですが、これはもう笑い話です（結局、レッスンは別日に振り替えてもらいました）。

この話をすると、よく、

「子どもがそんな間の抜けたことをしたら、私なら怒ってしまう」

「自分でなんとかしなさい！　と言って電話を切ってしまう」

「甘やかしすぎでは？」

と言われます。おっしゃることはわかります。

でも、頼ってくる子どもを甘えさせたって、いいじゃないですか。それに、これって叱《しか》ったからといって航平が成長するような問題でもありませんよね。

わたしが叱らなくとも、さすがに次からは「搭乗は立って待つ」といった対策を取ろうと考えるでしょう（笑）。

なにより、ミスをしたときは、本人がいちばん「やっちゃった」と思っています。

そんなときに親がキーッとなったり突き放したりしたら、子どもの心はずーんと重たくなってしまうでしょう？

そして、その「ずーん」とした感覚が積み重なったら……**本当に困ったときやつらいときに、親を頼れなくなってしまうんです。**すると今度は、友達や仲間にも頼ることができなくなり、やがて誰も頼れなくなってしまうかもしれません。

**甘えることと誰かを頼りにすることとは違います。**親として、わたしはいつでも航平と春日の「頼れる存在」でいたいんですね。

母であるわたしが怒らなかったから、あるいはすべて受け入れてきたから、というわけではないかもしれません。でも、航平は大会前にケガをしたときなど、心が弱ったときには普段なかなか出ない電話に出たり、母親にしかわからない微弱なＳＯＳを発したりすることが何度かありました。

飛行機に乗り遅れたといったつまらないことで怒っていたら、大切なところで頼ってもらえなかったかもしれない。そんなときに後悔したくないから、「１００％してあげている」「いいお母さんをしている」と思いたいのかもしれません。

3

心構え③

# 過保護と放任

「過保護」と「保護」は違う

「過保護」でもかまわない

# 親がていねいに教え導くのは「過保護」ではない

以前、テレビ番組で「受験生に恋愛はいらない」という発言をしたところ、「過保護だ」「子どもたちが心配」といった、さまざまなご意見をいただきました。

そのとき私は、あらためて「過保護」や「自主性」という言葉があいまいに使われすぎているのではないか、と感じたものです。

多くの方が、簡単に「過保護」という言葉を口にされますよね。でも、どこまでが「保護」で、どこからが「『過』保護」になるのか、考えたことがあるでしょうか？

いまは「子どもの自主性を育てる」といった考え方が主流となっているようですが、間違って「保護」まで放棄してはいけないと私は思います。

**子どもが一人前になるまでサポートしたり、親がていねいに教え導いたりすることは、「過保護」ではなく「保護」だと思います。**

「受験生に恋愛はいらない」のように、大切な受験期に1分1秒の大切さを説《と》き、なにを優先するべきか伝えるのは、私の中では「過保護」ではなく「保護」です。

また、「自主性」という言葉には、「子どもが自発的になんでもする」といったニュアンスがあります。もちろんそうなれば理想的でしょう。働くお母さんが増えている昨今、自主性を重んじる考え方が支持されるのも自然なことです。

しかし、子どもがなにか自主的に行動を起こすためには、そのやり方や本質を知っていること、能力があることが大前提です。まだ世の中のことなんてなにもわかっていない子どもに、「さあ、自主的にやっていいよ」と自由を押しつけても、右往左往するだけ。結局、失敗体験となにもできなかったことへの不安だけが積み重なっていきます。

ですから小さいころは、「これはこうやるんだよ」「こんな意味があるんだよ」と、親がていねいに教え導いていく。そうして子どもがなんとなく勘をつかんでいったら、少しずつ自由にさせればいいでしょう。

たとえば「お名前は？」と聞かれて、子どもがうまく答えられないとき。「ほら、ちゃんと答えなさい！」とお尻を叩く親御さん、いらっしゃいますよね。

でも、「幼い我が子が言葉に詰まっている」という状況を冷静に見れば、カリカリしたり、「自主的に」答えるのを待ったりするのではなく、お母さんが「○○です」と答えてお手本を見せてあげればいいだけの話なんですね。それは、過保護ではなく「導く」ということです。

それを何十回か繰り返せば、子どもも「あ、名前ってこう答えればいいんだな」とわかってきますよ。「20歳になってまで親が名前を言う」なんてことはありえないですから。

赤ん坊を世話して「過保護」と言う人はいませんが、保育園・幼稚園や小学校低学年から、だんだん「過保護」や「自主性」という言葉が聞こえてきます。

でもそれは、**「5歳ならこれくらいできるだろう」という、世間や自分の常識に過ぎません。**その常識に惑わされて、目の前の子どもに必要な「保護」を放棄しないようにしてください。

たしかに「子どもに任せる」と言って放っておくのが、親としては楽です。私も子どもが4人いててんやわんやだったので、よくわかります。

でも、やはり18歳までは、できるだけ親が「保護」してあげてください。学校や習い事といった狭い世界しか知らない、人生経験が少ない未熟な子どもなのですから、必要なときにはお母さんが手を出し、口を出すことは、当たり前のことなのです。

## 過保護でもいい。子どもを守れるのは親だけ

小さいころの航平は本当に内向的な子でした。初対面の人がいるとわたしの後ろに隠れてしまい、「お名前は?」と聞かれてもモジモジするばかり。そして、すぐ泣いてしまう。

そこでわたしが可哀想になって「(名前は)航平です」と答えると、「お母さんに聞いたんじゃないんだよ」と苦い顔をされます。それで、

「うちの子は恥ずかしがり屋なんです」

と言うと、

「親がなんでも答えてしまうと子どもに自主性がなくなる」

「挨拶くらいできるようになりなさい」

と叱られる。さらには、

「お母さんがおしゃべりだから子どもたちがしゃべらないんだ、黙っておけ」

と言われて、カチンときたり落ち込んだりすることもありました（わたしがおしゃべりなのはそのとおりなのですが）。

それでも、わたしと一緒に子どもたちを見守っていた主人は、「他人には言わせておけばいいよ」といつも味方してくれたんです。

だからこそ、

**「わたしたち夫婦がいいと思うなら、気にしなくていいや」**

**「過保護かもしれないけど、いま助けを求めている子どもがいるなら助けてあげよう」**

と、より確信を持てるようになりました。

そして、それは間違っていなかったと思います。

だって、いま航平は自分で自己紹介もできるし、それどころか、インタビューにもきちんと自分の言葉で答えていますから。

子育ては「どっちが早くできるようになるか」の競争ではありません。だから、それぞれの子どもに合ったペースで焦《あせ》らず育てることが大事ではないでしょうか。

そもそも、航平を応援する姿から「過保護ママ」と思われがちなわたしですが、過保護でもいいと思っているんです。実際、娘の春日にも包丁を持たせたことはありませんし、なにかと過保護なほうだと自覚しています。

これは、開き直っているわけではありません。

ただ、完全オリジナルの「周子流」子育てなので、過保護だなんだと言われようが、外野の声はまったく気にならないんです。

周りの家庭と違っても、常識と違っても、一般的に「こうすべき」と言われることに従わなくても、自分の感覚を信じてきた。だから、「これでいいのかな」と不安に思うこともありませんでした。

なによりも、自分も楽しく子育てをしてきたということは、胸を張って言えます。毎日ワクワクして生きている姿を、子どもたちに見せられた。これだけでも、信念を持って「周子流」を貫いてよかったと思います。

わたしにはわたしのスタイルがあるし、みなさんにはみなさんのスタイルがあります。**我が道を切り拓くのも、育児の醍醐味です。**周りの迷惑にさえならなければ、人目を気にせず、思いきり子育てを楽しんだ者勝ちではないでしょうか。

……と、ここまで「強い母」のようなことを言ってきましたが、わたしも周りに嫌なことを言われたり口出しされたりすると、心が揺らぐこともありました。

でも、「わたしは強いから大丈夫」と自分自身や家族に見栄を張って生きてきました。迷っている姿なんて、子どもたちに見せたくないですから。

こういうところは、やっぱりスポーツマンなのかなと思います。

4

## 心構え④
# 自立と親離れ

「自立」ではなく「自活」を目指す

子どもが嫌がったら離れる

# 子どもは「自立」より「自活」

**私は、子育てにおいて考えるべきは「自立」、いわゆる「自分のことは自分でできる子に育てること」ではないと思っています**（「自立した子」には、もうひとつ「自分の頭で考えられる子」という意味もあるようですが、それは重要だと思います）。

「自立」という言葉は、よく考えるととてもあいまいです。たとえば幼稚園児であれば靴を一人で履くこと、小学生なら服は自分で着ること、高校生なら受験の願書、ホテルなど、すべて自分で手配するというようなことでしょうか。

しかし、たとえ自分でいろいろとさせたところで、結局は経済的には親の庇護《ひご》の下にあり、子どもが一人で生きていけるわけではありません。要は、どこまでさせるのが子どもにとっての「自立」なのかわからないわけです。

もしかしたら「自立」に対するポリシーもなく、ただ家事の手伝いをさせることを「自立」と呼んでいる、ということもあるかもしれません。

これに対して、「自活」が目指すのはただひとつ。**「社会に出たとき、自分で稼いで衣食住を満たすことができる」**です。目標として、とても明確だと思いませんか。

私は、18歳までは「自立した子」ではなく「自活できる子」を育てる期間だと思っています。

幼稚園で靴が履けなくても、成長すればいずれ自分で履くようになります。小学生のときに学校の用意が一人でできなくても、大学生や社会人になって一人暮らしをすればいやが応でもしなければなりません（娘も大学に入学して三男と暮らしていますが、生まれてはじめての自炊ライフをがんばっていますよ）。

**後付けできる能力は、後付けすればいい。**先取りして、「自立」させる必要はありません。

親元にいる18歳までの貴重な時間を「自立」に割くよりも、将来しっかり「自活」できるよう、より多くの知識を頭に入れ、自分の頭で考え、知的好奇心を満たすような勉強をする。そのほうが、よっぽど有意義だと思うのです。

# 子どもが離れようとしたら、追いかけない

前項で、「信念があれば過保護でもいい」と言いましたが、親が子どもから離れるべきタイミングもあると思います。

**それは、子どもが嫌がったとき。自ら離れようとしたときです。**

前述のとおり過保護気味なわたしに対し、大学時代、航平は「放っておいて」というシグナルを発していました。電話しても出てくれなかったり、「応援に来ないでくれ」と突き放されたり、行ってもこちらを見てくれなかったり……。

それは悲しいことでした。泣いてしまったこともあります。でも、航平の気持ちを無視して過保護を重ねれば、彼はより離れていってしまうでしょう。

そこでがんばって、

「母親にしかこんな態度を取れないのだろう」

「まあ、そんな時期もあるか」

とポジティブに気持ちを切り替えることにしました。なんと、こちらからもまったく連絡を取らないようにしたんです（わたしにしては信じられないことですし、いまだに周りにも信じてもらえませんが）。

そうしてじっと待つこと数ヶ月……。

また次第に、航平から距離を詰めてくれるようになりました。全日本選手権の会場で会ったとき、数ヶ月前には「恥ずかしい」と応援に来ることも嫌がっていた観客席のわたしに向かって、手を振ってくれたんです！

このとき、やっぱり母親はドンと構えているべきなんだな、と痛感しました。

母親たるもの、周りの無責任な声は右から左に流してもかまわない。その一方で、**子どものシグナルだけは敏感に察知し、己の行動を省みるべきなのかもしれません。**

ちなみに、あるとき帰宅してみると、航平がわたしの出演しているテレビ番組を見て楽しそうに笑っているところを目撃してしまいました。

わたしには「恥ずかしい」と言っていても、「じつはそんなに嫌じゃないのかな？」となんだか安心し、ちょっとうれしくなったものです。

5

# 育児情報との付き合い方

情報は
得るが、
鵜呑みに
しない

育児書は
読まない

# 子育てはビッグプロジェクト。情報収集を怠らない

**子育ては、親の情報収集や前もっての準備が不可欠です。**

こう言うと、「準備していたって育児は思いどおりにはならないものなんだ」と反論されることもあります。

でも、本当に「情報は不要」でしょうか？

たとえば、仕事の新規プロジェクト。なかなか計画どおりにはならないかもしれませんが、少なくとも当てずっぽうでは始めません。リサーチや情報がなければ見通しも立たないし、予想外の事態にも対応できません。

子育ても同じです。しかも、18年という長い時間とそれなりの予算、そしてありったけの愛情を注ぎ込む一大プロジェクトなのですから。

**それに、情報収集はお母さんが時代に追いつくためにも不可欠です。**

ＩＴが発達したおかげで、時代も生き方も、情報の移り変わるスピードもガラリと変化しています。自分が子どものころといまの時代が違うのは言わずもがなですが、1人目と2人目とですら、たとえば子どものスマホ対策、ネットいじめ、プライバシー管理などの面などで、すっかり時代が変わっているかもしれないわけです。

親が自分の成功体験や経験則に縛られないよう、どんどん情報をアップデートしてプロジェクトを組み立て直す。そのためにも、最新情報をキャッチするアンテナを張り巡らせておく必要があるのです。

## 情報は、自分のやり方を確立するために収集する

前述のとおり、育児において情報収集は不可欠だと私は考えています。**しかし、得た情報を鵜呑みにするのはNGです。**

子どもは、十人十色です。性格もさまざま、成長が早い子も遅い子もいるなかで、たったひとつの情報を鵜呑みにするのはとても危険でしょう。

**あくまで情報収集は、それぞれのお母さんが「自分の方針を決める材料」にするために行うもの。**我が子の性格や成長に応じて臨機応変に最善の手を打てるよう、

1 心構え 考え方
2 コミュニケーション
3 早期～幼児教育
4 生活&家族のルール
5 能力の伸ばし方
6 本番に強くなる方法

「判断材料」をストックしておくために行うのです。

長男がお腹にいるとき、私は育児書をタワーのように積んで、片っ端から読みあさりました。しかし実際に長男が誕生して育ててみると、育児書どおりにはいきません。よく育児書には「1ヶ月　〇〇ができる」「2ヶ月　〇〇するようになる」といった指針が書かれていますが、これにまったく当てはまらないんです。

「これはダメだわ」

そう思った私は、育児書や情報の使い方を変えました。

インプットした情報を「そのまま我が子に当てはめる」ためではなく、「自分はこのやり方でいく」と決めるために使おう、と考えたのです。

だから、Aという本とBという本で言うことが違ったとしても、迷う必要はありません。

**「それぞれどんな子どもや親に向けて書かれているのか？」**
**「どんな根拠があるのか？」**

冷静に判断しながら、我が子の性格や成長にはどの方法がマッチするか考える。そのうえで自分が納得できるやり方をつくり上げていけば、その本は役に立ったということです。

私の場合、「赤ちゃんの日光浴は初めは下半身だけ」と書いてある育児書を読みましたが、「そんなこと言ったって紫外線は全身に浴びるじゃない」と考え、従いませんでした（笑）。

トイレトレーニングをいつから始めようかと考えたときには、まず人間の身体の仕組みを調べました。そのなかで幼い子どもは尿意を感じる大脳の働きが十分ではないことを知り、早期のトイレトレーニングはやらないことに。子どもの身体に合っていないことを無理強いする必要はない、と判断したんですね。

ちなみに、いつまでもオムツの取れない長男に、私より母（おばあちゃん）がヤキモキしていましたが、「オムツしてランドセルを背負う子なんていないんだから焦ることないわ」と構えていたら、３歳を過ぎたころだったでしょうか。長男が「これ、暑いから嫌だ」とオムツを脱いだんです！

「オムツって勝手に取れるんだ……」と驚いたのを、いまも覚えています。

# 専門家が書いた本より「先輩ママの体験談」が役に立つ

育児書は鵜呑みにできないと考えた私が、乳児期から受験に至るまでとてもお世話になったのが**「先輩ママの体験談」**でした。

「ひよこクラブ」（ベネッセコーポレーション）といった育児雑誌にも、先輩ママの体験記コーナーがあります。そこに寄せられる生の声は、専門家の「理想論」より現実味があり、「なるほど、こういう工夫の仕方もあるのか」と勉強になりました。

受験のときも、灘中学校や東大理Ⅲに合格した子のお母さんのアドバイスは本当にありがたいもので、ふんだんに取り入れました。身近にそういう人がいない場合も、「どんな勉強をいつから始めたか」といった詳細が書かれた志望校の合格体験記は、とても役に立つものです（もちろん私も熟読しました）。

**ただし、「専門家」の意見でも、赤ちゃんのいる家庭で起こった事故の実例や安全面のガイドラインは大いに参考にしました。**「ちょっとくらい大丈夫だろう」と思わず、100%遵守したのです。

たとえば「ピーナッツの誤飲による窒息」という事故を知って以来、我が家からは一切の柿ピーが姿を消しました。

「1歳未満に蜂蜜や黒糖を食べさせない」という情報も、親が多少勉強すれば必ず目にするはずです。

「ボタン電池は家の中から完全撤去」といった安全面の対策も、長男が生まれてから長女が大きくなるまで徹底しました。

こと安全対策に関しては、99%では甘い。1%の隙《すき》で、子どもは簡単に命を落としてしまいます。そして、そのような思いがけない事故から子どもを守れるのは、親だけなのです。


いま振り返ってみても、子育ての情報は時代によってまったく違いますし、そのときに「正解」を見つけ出すのはむずかしいことだと思います。

**命にかかわる「安全面」はキッチリ勉強して、それ以外は自分の頭で考える。**そうして納得できるやり方を編み出すしかないのです。

## 育児書は読まない。自分の子なんだから、完全オリジナルでいい

ここは、佐藤さんと少し違うところかもしれません。

**わたしは、育児書の類はまったく参考にしなかったんです。**そして、それをまったく後悔していません。情報に振り回されず、2人の子どもとわたしのオリジナルの子育てができてよかったと思っています。

とはいえ、育児書を一度も読まなかったわけではありません。航平を妊娠中、父から「これを読んでみてごらんなさい」と何冊か育児書が送られてきたので、せっかくだからと出産までの時間を使って何冊か読みました。

ところが佐藤さんと同じく、いざ航平が生まれてみると、そのとおりに育たない。書いてあるとおりにあやしても、いつまでも泣き続けます。

そのときに、

「ああ、周子流でいいんじゃないかな」

と胸のつかえがストンと取れたんです。

それ以来、育児書は一切読まなくなりました。

わたしの場合、自分の感覚が育児の指針のすべてです。

**「よさそう」と感じたものや、子どもたちが楽しそうな顔をするもの、自分が「やりたい」と思うものだけを取り入れていきました。**

スーパーへの行き帰りや家で過ごす時間も、「どうしたら子どもにとっていい影響があるか」を考え、さまざまな工夫をこらしていました。

そこはもう、母親の嗅覚とアイデアとしか言いようがありません。試行錯誤のすえにでき上がった「周子流子育て」は、頭の中に永久保存版として完成し、クラブの子どもたちにも伝えています。

6

# 家事との両立

家事は
ほどほどに
しておく

仕事も
家事も全力

# お母さんだって忙しい！家事はほどほどにしておく

恥ずかしながら、家事に関しては、ほどほどにしていました。

**すべて「子ども優先」で、家事はあくまで「できる範囲でやる」というスタンスだったのです。**

たとえば、我が家のホットケーキは28センチのフライパンを2つ並べ、そこに生地を一気に流し込むだけ。その2枚の巨大なホットケーキを6分の1に切って出すという手抜きスタイルでした。

息子がはじめてお友達の家でホットケーキを食べたときは、「小さくてふわふわだったよ！」と驚いていましたよ。「そう、じつはそれが本物のホットケーキなの。もう少し余裕ができたら小さく焼いてあげるからね」と、正直に謝りました（笑）。

「野菜はなるべく無農薬のものを買う」「野菜は小さく刻んで食べさせる」など気をつけるところは気をつけてはいましたが、常に冷凍庫と電子レンジ、そして食器洗い機はフル稼働。最近のSNSにアップされているような「完璧なお母さん」からはほど遠かったんです。

理由は、結局のところ時間がなかったからです。

子どもたちが小さいころから受験期まで、ずっと「朝から晩まで一秒も椅子に座る時間がない」ような、目まぐるしい毎日。友達からランチに誘われても、数ヶ月先まで予定が空いていないくらいでした。

学校への送り迎えやバイオリンの練習、勉強のチェックはもちろん、誰かが風邪をもらってきたら、もれなく4人とも感染して大わらわ……。年子を含む4人の子育てで手がいっぱいなのに、家事まで完璧にしようとがんばっていたら、おそらく過労で倒れていたでしょう。

受験期は、さらに子どものことで精一杯でした。

我が家の子どもたちはリビング横の和室に布団を敷いて寝ていたのですが、受験生がいるときはなかなか布団も上げられませんでした。夫の衣替えもままならず、真夏に真冬用の分厚い靴下をはいて仕事に向かうことも……。

家は散らかっていきましたが、限られた24時間の中で優先順位をつけたときに「いまやるべき」だったのは、子どもの勉強に付き合うことだったのです。

ありがたかったのが、夫が私の家事にまったく文句を言わなかったことでしょう。

もう少し家事を手伝ってくれてもよかったかな、とは思いますが、子育てを任せてくれていたのでよしとしたいと思います（笑）。

佐藤

## 家事より子ども。「ちょっと待ってね」はNGワード

家事に重きを置かなかった理由は、もうひとつあります。**「子どもに背中を見せて育てない」**ためです。

私はかつて一度だけ、「さすがに掃除しなきゃ」と思い立ち、構ってほしそうな子どもたちに「いい子にしていてね、ちょっと待っていてね」と言って掃除に着手したことがあります。でも、すぐに思い直しました。

「『ちょっと待ってね』と掃除を優先して、子どもたちは幸せだろうか？」

「私が掃除をする背中を見て、この子たちはなにか得られるのだろうか？」

そして「自分＝ママ」だけを見つめる子どもの顔を見たとき、

**「いま私がすべきは、背中を見せながら家を片付けることじゃない。正面を向いて、子どもたちとコミュニケーションを取ることだ」**

と割り切れたんです。それで家が多少散らかっても、まあいいか、と。

ですから、料理中だって「ねえねえ」と声をかけられれば「なあに？」とにっこり笑って向かい合います。背後でお素麺がダマになり、捨てざるをえなかったことも何度もあります。

でも、子どもはまさにそのとき、お母さんとコミュニケーションを取りたいのです。気になったことがあるのかもしれない。困ったことがあるのかもしれない。愛情を確認して甘えたいのかもしれない。その気持ちを踏みにじってまでお素麺を食卓に出さなくてもいい、と私は思うのです。

このことは夫にも、

**「男は背中で語る、なんて思わないでよ。子どもとはちゃんと向かい合って、言葉でコミュニケーションを取ってね」**

と伝えていました。

忙しい毎日の中、忍耐がいることだとは思います。でも、それが子どもが持つ「愛されている」という自己肯定感や「いつもお母さんは自分を見てくれる」という安心感につながるかもしれないと、ぐっとこらえてにっこり笑ってみてほしいのです。

## 料理はできるかぎり「手」を使う

おそらくみなさんのイメージどおり、仕事の合間を縫って家の中でも走り回りつつ家事をこなしていたわたし。「周子流」の家事のこだわりは、ずばり**「なるべく『手』を使う」**でした。つまり、電化製品にはなるべく頼らなかったんですね。

**じつは内村家には、炊飯器もポットも、オーブントースターもありません。**お米は圧力釜で炊きますし、お湯はヤカンで沸かしますし、パンはフライパンで焼きます。そのスタイルは、航平が小さいころからいまも変わっていません。……これはもう、完全にわたしの自己満足でしていることです。

前述のとおり、自分の「理想のお母さん」のこだわりを満たしているだけ。ただ自分がやりたいこと、楽しいことをやっていただけなんです。でも、こうした小さな自己満足って、「明るく元気なお母さん」でいるためには大切だと思います。

スポーツクラブを運営しながら目の回るような日々でしたが、こうして「手」を入れつつ食事にはこだわりました。とくに、航平は小学校高学年までひどいアトピーを持っていましたから、食材には気を遣いましたね。


また、学校から帰ったときに食べるおやつも手づくりで用意していました。とはいえ凝ったものはできないので、ふかした芋やホットケーキといったシンプルなものばかり。だいたい、300キロカロリーを目安にしていました。

そしておやつには、必ず手紙を添えていました（途中からホワイトボードに書くようになりましたが）。手紙の内容は、

「今日のおやつはふかし芋よ。下の体育館で待ってるね、早く来てね。ママより」

といった簡単なもの。それでも、おやつだけポンと置いてあるより、きっとうれしいと思います。

これも自己満足かもしれないけれど、こういう日常の些細なところからも愛情が伝われば、と思うのです。

7

# ママ友&PTA

## 無理せずできる範囲で

# 自分に芯があれば、群れる必要はない

**ママ友はいてもかまいませんが、必要というわけではありません。**ましてや、振り回されるくらいならいないほうがいいと思います。

ママ友は、子どもが同じ学校に通う間の数年の付き合いです。そのときは重要な付き合いのように思えるものですが、振り返ってみるとほんの一瞬のこと。

自分の子どもと向き合ってきっちり育てようと思ったら、「一匹狼で生きていく」くらいの気概があってもいい。不思議なことに、そうやって「自分は自分」と生きていると、意外と周りの皆さんと仲良くなれるものなのです。

ある朝、いつもどおりジーパンとTシャツで幼稚園に子どもを連れていってふと周りを見ると、みんなきれいな格好をしていました。「なんだろう?」と思って園に入ると……なんと、その日はPTAの集まりだったのです。

その一件で「佐藤さんは連絡プリントを見ない人」と認識されたのでしょう。次の

PTAの前には、違うクラスのお母さんたちからも「あさってはPTAよ」「明日はPTAよ」と教えてもらえました。

お付き合いの余計なストレスはないのに、どの派閥にも属していないからみんなに優しくしてもらえる。なかなかラッキーな立ち位置ではないかと思います(笑)。

また、思いがけなかったのが、「ママ友なんていらない」というスタンスが幼稚園の先生にもありがたがられたこと。

三男のときに「佐藤さんはどこの派閥にも属していないから、ぜひ役員のまとめ役になってほしい」と言われたんです。残念ながらまだ小さな娘がいたので引き受けられなかったのですが、先生方にもそんな悩みがあるんだと知った出来事でした。

ママ友とのお付き合いがしんどかったり不安だったりするお母さん。重要事項の連絡ができる「知り合い」がいれば充分、と割り切っても大丈夫ですよ。

# 忙しいお母さんは全部は選べない。優先順位を考えて

わたしも、ママ友は一人もいませんでした。

街で「航平くんと同じクラスだった○○の母で……」と話しかけられても、申し訳ないのですがどなたかわからないくらいでした。忙しくて時間がなかったこともありますが、周りのいろいろな噂《うわさ》――たとえば悪口や派閥――といった話を聞いていると、「自分には必要ないかな」と思えたんです。そして、それに後悔していません。

一方で、ＰＴＡや学校活動に関しては、いまも「申し訳ない」という気持ちでいっぱいです。白い目で見られているのはわかっていましたが、スポーツクラブを立ち上げたばかりのわたしはまともに参加できなくて……。

しかし、「できない」とわかっていて役を引き受けることはできません。これは、地方の小さな町ではかなり肩身の狭いことでした。

ただ、ＰＴＡ活動を断るなかで「朝から晩まで働いている人はほかにもいるんだぞ」と言われることもあったのですが、「それはそれぞれの価値観、そしてキャパシティの問題なのに」と思っていました。

言ってしまえば、わたしの価値観では、子どもたちに体操をさせる時間やスポーツクラブの優先順位が、PTA活動よりはるかに高かったんです。「あれもこれも」は取れないから、自分の中で大切なもの、譲れないものを優先させてもらった。

それに、キャパシティの面で言えば、クラブを軌道に乗せるために毎日必死で、それ以外の仕事をこなす余裕も能力もなかったんです。

もし、あのとき体面を保とうとしていたら、航平や春日への体操の指導やコミュニケーションがないがしろになってしまったり、せっかく立ち上げた大切なスポーツクラブの運営が立ちゆかなくなったりしたかもしれません。そう考えると、申し訳ないと思う半面、「仕方がなかったかな」とも思います。

世間体や体面を保つために、どこまでがんばるべきか？　この問いに正解はありません。一人ひとりの価値観やキャパシティ次第と言ってもいいでしょう。

**両立を試みて、どうしても無理なのであれば、親がなにを優先するか覚悟を決めるしかないんですね。**たとえそれで、後ろ指をさされたとしても。

第 2 章

# 「伸びる子」のお母さんのコミュニケーション

8

# 子どものコミュニケーション

お母さんは「女優」

「理想のお母さん像」を演じる

# お母さんは女優！ 決して感情的にならない

子どもとのコミュニケーションで、まず心に留めておきたいこと。それは、**「お母さんは感情的になってはいけない」**ということです。

人は感情的になると、否定的な言葉を言いがちです。とくに女性は、相手のミスや欠点を徹底的に問い詰めてしまう傾向があります。

自分に置き換えて考えてみてください。

上司やお姑《しゅうとめ》さんから毎日のように怒られ、責められたら、心が病んでしまいそうですよね。ましてや親子はほぼ24時間一緒にいる逃げ場のない関係。否定的な言葉を浴びせ続けたら、子どもの心は簡単に折れてしまいます。やる気を失い、自己肯定感が低くなり、大人になってからも苦しむと言われています。私も子育てをしながら、「この子たちを私の言葉で潰してしまうのは簡単だな」といつも感じていました。

そうと頭ではわかっていても、ついカッとなってしまうこともあるでしょう。これは怒りっぽいからそうなるのではなく、「準備不足」が大きな原因だと思います。

お母さんがついカッとならないために必要な準備。それは、「リハーサル」です。

リハーサルとは、**「こんな状況になったらこう伝えよう」とあらかじめセリフを決め、脳内で練習しておくこと。**そうして準備しておけば、いざ「カッ」としたときにもそのセリフを思い出し、そのまま口にすれば否定的な言葉を吐《は》かずに済むというわけです。

たとえばテスト前に「今回はあまり勉強していなかったな」と感じていたら、テストが返ってくる前にかける言葉を考えておきます。

**「あの単元の見直し、足りてなかったよね」**

**「やるべきことを徹底しないと、穴ができちゃうよね。次はどうしようか？」**

感情的なときは、「この点数はなんなの！」「だから勉強しなさいって言ったでしょ！」など、振り返ってみるとなんとも否定的で、次には役に立たない言葉しか出てこないもの。でも、あらかじめ準備していれば、具体的な言葉で次につなげることができるのです。

また、私は事前にセリフを用意していないときも、まずは頭の中でセリフを思い浮かべ、ワンクッション置いてから口にするようにしていました。

**人格を否定していないか。やる気を削ぐことはないか。プライドを傷つけないか。そして感情的になっていないか——。**

「『理想のお母さん』という役だったら、こう言うかな」と客観的に考えると、かける言葉がイメージしやすいと思います。

母親業は女優業、家庭は舞台、なのです。

## 「脚本力」を鍛え、最悪のシチュエーションを想定する

ときどき、「子どもが『死ね』『殺す』と言ったらどうするか?」といったトピックが話題になります。**これも、あらかじめシナリオやセリフを脳内でリハーサルしておくと、過度にショックを受けたり感情的になったりせずに済みます。**

私は、子どもが「なぜ人を殺したらダメなの?」と聞いてきたら、激昂したフリをして庭に投げ飛ばす予定でした(笑)。言葉で説明するより「親のショック」をダイレクトに伝えたほうがいいと考えたのです。そうすれば「人の命にかかわることは不用意に口に出してはいけないんだな。命って大事なんだな」と肌で感じるだろう、と。
そのときに備えて「あそこに投げたら石に当たってしまう」「こんなセリフを言おう」とあれこれシミュレーションしていたのですが、結局、幸いなことに子どもたちからそんな質問が出てくることはありませんでした。

ただし、大前提として、親が子どもの「ババア」とか「死ね」「殺す」といった発言にいちいちショックを受ける必要はないと思っています。

**子どもは、いい意味で「たかが子ども」です。**最近仕入れた言葉をなにげなく使っただけかもしれない。友達の間で流行っているだけかもしれない。ようは、あまり深く考えていないことのほうが多いんです。ですからあまり大騒ぎせず、冷静に「そういう言葉は使わないほうがいいよ」と伝えましょう。

それが無理そうなら、やはりリハーサルが必要です。シナリオどおりだったらあえて泣いてみてもいいし、庭に投げ飛ばしてもいい。ただし、「感情的なママ」は、演技の中だけです。

いずれにしても必要なのは、お母さんの脚本力。そして、女優力です。

生まれ持った性格もあると思いますが、我が子たちを見て、

「お母さんが感情的に接することがなかったから、子どもたちも落ち着いているんでしょうね」

と言われることもあります。たしかに、小さいころから駄々をこねたり、言うことを聞かなくて困る、ということがあまりない子たちでした。

私の「女優力」と彼らの性格の詳しい因果関係はわかりませんが、少なくとも親が感情的になるメリットはありません。ぜひ、「女優業」を楽しんでみてください。

## 「自分が尊敬できる親の姿」「子どもにどう見られているか」をイメージする

わたしも佐藤さんと同じで、子どもに対して感情的になって怒鳴《どな》り散らしたり、叩いたりしたことはありません。だからでしょうか、子どもたちが騒いだり駄々をこねたりして手に負えない、と悩んだことはありませんでした。

むしろ、小さいころから大会などに連れていって「ここで待っていてね」と言った

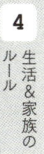

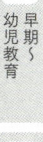

ら、何時間でもじっと待てる子どもたちだったと記憶しています。

でも、佐藤さんと違って感情的にならないのは、教育的というより、ごく個人的な理由。それは、

**「明日、この子が死んだら後悔する」と思ってしまうからです。**

わたしはこれまで、子どもの死に目に会った人を何人も見てきました。あんなにつらいものはなく、お父さん、お母さんの心中は推し量れるものではありません。肩を落とした彼らの姿を思い出すと、子どもに対して「今日も生きてくれた、それだけでありがたい」と、本当に欲がなくなります。

航平は大学生のとき、何度電話しても出ない、まったく連絡をよこさないといったように、普通の親ならムッとしてしまうような態度を取ることもありました。

でも、一瞬ムッとしても「明日この子が死んだら、感情的に怒ったことを絶対に後悔する」と思うから、それをそのまま伝えることはできなかったですね。マネジメントの方に連絡してなんとか電話をかけさせたときにも、「あ、元気？」とご機嫌なフリをしていました。

……いえ、フリというより、「あ、生きてたんだ、よかった」と心からうれしくなっちゃって。それに、わたしの「理想のお母さん像」として、明るく凛々《りり》しいママでいたかった。「いつも受け入れてくれる場所」でありたかったし、やっぱり、親は尊敬されなければと思っていました。わたしの思う「尊敬できる親」は、わめき散らすような親ではなかったということです。

また、わたしは「子どもたちからどう見られているか」を、家でもスポーツクラブでもかなり意識していました。

ですから、子どもたちの前で不機嫌さを露わにしたことも、口を開けてぼーっとテレビを見たこともありません（テレビだけでなく、子どもたちはわたしたち夫婦のぐーたらしている姿を見たことがないと思います）。いつも笑顔、いつもテキパキ。とくに、娘の前では「いいママ」でいたくて見栄を張っていました。

かっこつけなんですね、わたし。

**「どう見られたいか」が明確で、その姿を演じられているか、いつも自分を上から見ていた。**そういう意味で、わたしも女優だったと思います。

9

声かけ①
# 親の口ぐせ

## 「大丈夫」で背中を押す

# 「あなたは●●が苦手ね」とは絶対に言わない

解けない問題やできないことがあって、子どもが詰まってしまったとき。お母さんは決して「なんでわからないの！」「前も解いたでしょ！」「ダメじゃない！」と叱ってはいけません。

私はこういうとき、必ず「大丈夫」と言っていました。

「大丈夫。ゆっくり考えればいいから」

「大丈夫。解ける、解ける」

と、気軽な感じに言うのですね。

**大切なのは、「できない子」というレッテルを貼らないことです。**

なぜか。子どもには無限の可能性と伸びしろがあるのに、親の狭い了見で「できない」「苦手」だなんて決めつけてはもったいないからです。伸びるスピードはそれぞれでも、絶対に子どもは成長します。

長い間どうしても解けなかった問題が、ある朝目覚めたら急に解けるようになっていた。100回練習しても弾けなかったバイオリンの曲が、101回目にスラスラ弾けるようになっていた。そんな奇跡みたいなことが、子どもにはたくさん起こります。

それなのに、親に否定されると子どもは「そうか、自分は○○が苦手なのか」と思い込んでしまいます。もう少しで扉が開くかもしれないのに、「自分はダメだ」「向いていない」と努力をやめてしまいかねません。

親の言葉が「101回目」を奪うことになってしまうんですね。

「これはあなたにはむずかしいかもね」「あなたは算数が苦手だね」「絵が下手だね」といった言葉ですら、子どもにとっては呪いです。

**お母さんがすべきは、「できるよ」と背中を押してあげること。子どもに何百、何千もの「大丈夫」の声をかけてあげることです。**

それが入試のような本番で、「大丈夫、自分は解ける」という自信と落ち着きにつながるのですから。

内村

# 「ママの子だから大丈夫」で安心感を持ってもらう

「大丈夫」という言葉、わたしもとても大切だと感じています。

スポーツクラブにいらっしゃる親御さんを見ていて感じるのは、子どもの能力を伸ばしたかったら、**子どもがつまずいたときに、親が焦ったり、子どもの動揺に同調したり、イライラしてはいけないということです。**ましてや、壁にぶつかった子どもを責めたりけなしたりするなんてもってのほかなんですね。

子どもが壁にぶつかったら、まずは「大丈夫」と声をかけてあげてみてください。

そのなかでも、

「ママがついてるから、大丈夫！」

「ママの子だから、大丈夫！」

この2つは何百回口にしたかわからない、わたしの口ぐせでした。

航平はいまでこそ日本の体操チームを引っ張る存在になりましたが、高校2年生の途中まではまったく芽が出ず、大会で予選を通過したことすらない「（体操に関しては）パッとしない子」でした。

技術も足りないし、あがり症で、本番前は顔も頭も真っ白。小学1年生で出場した最初の大会では、やる予定だったバック転すらできませんでした。

でも、そんな航平にも、わたしたち夫婦はずっと「大丈夫」と声をかけ続けていました。「なんでいつもそうなの！」と怒るでもなく、「向いてないね」と見捨てることもなく、ただ「大丈夫、次があるよ」と呪文のように声をかけ続けたのです。

それは、航平が金メダリストになってからも変わりませんでした。

2011年に開催された世界選手権の2ヶ月前、航平が右足首を捻挫して全治3週間〜1ヶ月と診断されたときも、そうでした。

わたしは監督からケガのことを聞いていたのですが、あえてこちらからは連絡せずにいたんですね。すると、世界選手権まであと1ヶ月というときに、航平から電話がかかってきたんです。

航ちゃんから電話がかかってくるなんて珍しいな、と思って取ると、珍しく弱気な声が聞こえました。

「知ってるんでしょう？」

「ん？」

「ケガしたこと」

隠しても仕方ありませんから、「うん、知ってるよ」と答えました。

「あと1ヶ月しかないんだよ」

「1ヶ月もあるじゃん。ママの子だから大丈夫よ」

「ロンドンオリンピックまで1年しかないんだよ」

「1年もあるじゃない。大丈夫、大丈夫」

そんなやりとりをして電話を切りました。

結局、航平はこのときの世界選手権でも金メダルを獲ったわけですが、心配で引き裂かれそうな心を隠して「大丈夫」と励ましたあの電話が少しでも航平の心に届いていたら……と願うばかりです。

## ひとつだけ「大丈夫」を信じてもらう秘訣があるとしたら「ママもそうだった」

**をたくさん話してあげることだと思います。**

とくにわたしは自分自身が体操選手だということもありますが、なにより、わたしと航平は驚くくらい骨格が似ているんですね。一度専門の整体師の方に見ていただいたことがあるのですが、わたしの骨格を見て目をまんまるにしていました。「航平さんとまったく同じだ」って。

たしかに航平もわたしの足を見て、「あ、おれの足だ」と言っていたことがありました。それくらい、そっくりなんです。これは、「体操」という共通言語があるわたしたちにとって大きな意味があったように思います。

たとえば航平が18歳のときのNHK杯前のこと。明日が試合というときに体調を崩した航平に、

「大丈夫、ママもそれくらい体調が悪くても大会に出たことあるよ。航ちゃんはママの子なんだから、いつもどおりで大丈夫よ」

と言ったこともありました。

「うちの母親は、こんなに小さいのに身体は丈夫だし、本番に強いらしい。血がつながっているうえに身体までそっくりな自分だって、いけるんじゃないか」

そんな安心感や自己肯定感に少しでもつながっていたらいいな、と思います。

もちろん、航平がどれだけわたしの口ぐせの影響を受けたかは、まったくわかりません。

でも、いま振り返ってみると、親の不安や動揺を100%隠しきること、そして「大丈夫」と大きく構えてあげることは、思っていた以上に子どもにプラスの影響を与えるように感じるのです。

10

## 声かけ②
# ほめ方、叱り方

小さいうちはほめ殺し。
叱るときは論理的に

普段はほめるが、いざというときだけ叱る

# 小さいうちはほめ殺しでOK

大人の世界では過剰にほめられると疑心暗鬼になってしまうものですが、子育ての場面においては「ほめ殺し」するくらいで大丈夫です。私は子どもたちが小さいころ、いつも手をパチパチ叩きながら「すごいね！」と声をかけていました。

「ほめ殺し」のコツは、「すごいね！」に具体的な言葉をプラスすることです。子どもがよりうれしくなるような、より次もがんばろうと思うような言葉を、スパイスとして入れてあげるんですね。

**はじめてできるようになったことは、「そんなことができるんだ、すごいね！」。**
**努力してできるようになったことは、「よくがんばったね、すごいね！」。**
**以前も同じようなことがあったときは、「●●のときもそうだったけど、本当にすごいね！」。**

とくに3つめの例のように、「過去のいいことを引っ張ってほめてあげる」と子どもはとても喜びます。見守られているという安心感も得られるし、自分という人間が認められた気がして誇らしいのでしょう。これができるのは、子どもと長い時間を過ごし、たくさんの姿を知っているお母さんだけです。

ただし、どんな言葉がいいスパイスになるかは子どもの性格によって違います。ちょっとした表情の変化を見極めつつ、いろいろなパターンを試してみてください。

ここでも必要なのは、やはり「女優力」です。心底「すごい！」と思って言葉を発さないと、「あ、ママって口先だけだな」と気づかれてしまいますよ。

## 叱るときは、怒らないで説明する

親の声の大きさや威圧感、それに対する恐怖心で子どもを制御しようとしてはいけません。なぜなら、子どもが「納得」できないからです。

**私は、子どもたちに注意するときや叱るときは、決して声を荒らげず「なぜ」の説明に言葉を尽くしました。**

たとえば電車の中で、お母さんが、

「走ったらダメ！」

と叫べば、子どもは一瞬はその剣幕に押されて静かになるでしょう。でも、その理由までは納得できていないから、別のシチュエーションではまた騒いでしまうわけです。

親の顔色や声の大きさで「どれだけ怒っているか」を感覚的に判別し、行動を変える。これは、教育というより犬の躾《しつけ》に近いようにも感じます。そうではなく、「ここで走り回ったら、周りの人にぶつかっちゃうよね。突然人がぶつかってきたらびっくりするし、痛いでしょう？　それに、走り回る足音だってうるさいじゃない。電車はみんなが使う場所だから、みんなが少しずつガマンしなきゃダメなんだよ」と、「なぜそれをしてはいけないのか」ということを論理的に説明すると、子どももなぜ叱られたのか理性で納得できます。

すると、ほかのシチュエーションでも「ほかの人がたくさんいるからちょっとガマンしなきゃ」と判断でき、静かに過ごせるのです。

要は、**答えを丸覚えさせるのではなく、自分の頭で考える機会を増やす**ということとですね。

**子どもが問題を起こすのは悪気があるからではなく、物事に対してどう考えるべきか知らないだけ。**その「考え方」を教えていくことこそが、お母さんの仕事だと思います。

## ほめると叱るのバランスは100対1

高校2年生まで芽が出ず、下積み時代の長かった航平。彼が途中で挫折しなかったのは、本人の「体操が好き」という強い気持ちと、あとはコーチやわたしたちの「ほめる姿勢」もあったのではないかと思います。

わたしは小さいころから航平が新しい技を習得したら「航ちゃん、天才よ」とほめてほめてほめまくっていましたし（笑）、コーチたちも「おまえならできるよ」といった声かけをよくしてくださっていたようです。

**わたしは、「ほめる」と「叱る・注意する」のバランスは100対1くらいがちょうどいいと思います。**

普段はどんどんほめて、自分を信じる気持ちを育んであげる。

でも、その100の積み重ねがあるからこそ、「1」の苦言が心にずしんと響くと思うんです。


北京オリンピックの前に開催された、プレオリンピックのときのことです。

体操に関しては、冒険心が旺盛な航平。「床運動で新しい技をやってみたい」と言い出したのですが、練習ではなかなかうまくいかず、本番まですべて失敗していました。当然、それを見た具志堅幸司監督（日本体育大学教授）は「本番でその技は使うな」とおっしゃいます。

でも、航平は「いや、どうしてもやりたい」と言って聞かなかったんですね。そして無謀にも挑戦し、本番でも失敗してしまいます。

それまで、わたしは航平の大会のあとはどんな結果であっても「すごかったねえ、がんばったねえ」とほめていたのですが、そのときは違いました。

「航ちゃん、今回の結果だけど。いまのあなたの立場で冒険しすぎるのは、よくないんじゃないの？」

電話をかけ、プレオリンピック終了のお疲れ様を伝えた後、床での評価をわたしなりに伝えました。

「航ちゃんは日本の国旗を背負ってこの大会に出場したんだよね。その航ちゃんに求められてるものはなにかわかる？　航ちゃんの挑戦とか、演技じゃないの。結果なの。結果を出さないと、応援してくださっている人をガッカリさせてしまうのよ」

「あなたが『楽しかった』と言っていたら、ママは心から『よかった』と思う。でも、世間はそう見てくれないよ」

「航平の冒険心は長所でもあるけれど、これからは、大事な大会じゃないときに冒険しなさい。応援してくれる日本のみんなのためにも、メダルを獲るということが代表選手の使命でもあるとわたしは思うよ」

わたしが航平にここまで言うなんて、かなり珍しいこと。これには航平もびっくりしていました。いつもは「いいじゃない、がんばったんだから」といったお気楽ママですからね。

でも、これを機に、航平は自分の立場やレベルというものを真剣に考え、受け止めるようになったと感じています。

**普段はほめ言葉で溺れるくらい、「すごい！」「かわいい！」「天才！」と心のままにほめまくる。でも、いざというときにピシッと叱ってあげるのも、やっぱり親の役割なのかなと思うのです。**

11

# 聞き方

## 子どものメッセージを受け止める

# 子どもの話は「聞ききってあげる」

よく、「なんで○○したの」を、疑問形ではなく詰問形で投げかけるお母さん、いらっしゃいますよね。語尾が「?」ではなく「!」になってしまう人です。

**でも、「なんで」と聞く以上、それは疑問形でなければいけない。ちゃんと答えを聞いてあげないといけないんです。**

スポーツクラブに来る子どもたちを見ていて、「本当はもっと言いたいことがあるんじゃないのかな?」と思うような子が少なくありません。

「どうせ怒られる」

「どうせ反論される」

そう思っているのか、言葉をのみ込んでしまうんです。おそらく、お母さんが家で感情的になって子どもの発言を遮《さえぎ》ったり、まくしたてたりしているのではないかな、と感じます。

たとえば、子どもが寝坊したとき。「なんでこんなに起きるのが遅かったの？」と聞くとします。このとき、

「あのね、夜中に目が覚めちゃって、なかなか眠れなかったの」

といった答えが返ってくるのを待つのはいいです。

「あら、どうしたんだろうね。身体はしんどい？」

と、「会話」になりますから。

ところが、

「なんでこんなに遅かったの！　どうせ夜遅くまでテレビを見ていたんでしょう！　だから早く寝なさいって言ってるじゃないの！　とにかく早く支度しなさい！」

と親がまくしたて、すべて先に言ってしまうと、子どもが言うべきことがなにもなくなってしまいます。

ただしょんぼりとうなだれるか、「うるさいなあ」と思うしかなくなってしまうんです。

気をつけたいのは、親の「構え」。**はじめから叱りつける「構え」では、子どもも**

## 伝えたいことを伝えてくれなくなります。

もちろん、子どもが言いたいことを「聞ききる」ためには、忍耐力が必要です。時間もかかるでしょう。口数の多い子でなければ、歯がゆく思うかもしれません。

でも、せっかく生まれてきたくれた我が子です。自分のこのかわいい子どもはなにを考えているのか知りたくありませんか。

一つひとつのメッセージをしっかり聞ききって、受け止めてあげてください。

12

## 子どもの性格①
# 基本の考え方

親が変われば、
子どもも変わる

# 性格は変わらない！　親のやり方を変えよう

講演会の質疑応答のコーナーでは、自分の子どもの欠点について悩んでいるお母さんがとても多いことに驚きます。

「うちの子は落ち着きがなくて」

「忘れ物ばっかりでダメなんです」

と嘆き、「どうすれば変わってくれますか」と質問されます。

そんなとき、私は必ず、

**「性格は、変わりません。苦手なところは、苦手だと意識して気をつければいいんです」**

**「もしいまなにか子どもの行動に問題があるとしたら、それは子どもの性格ではなく『親のやり方』に問題があるんです」**

と答えています。

たとえば、要領の悪い子。親はカリカリしてしまいがちですが、もともとゆったりしている子に「急ぎなさい！」と声を荒らげてもあまり効果はありません。ほかの子が1時間で終わることであれば「2時間かけてもいいんだよ、その代わり早めに取りかかろうね」と教えてあげたほうが、お互いストレスがかからないでしょう。

忘れ物が多いタイプであれば、忘れ物をしたあとにきつく叱っても不毛です。「朝はバタバタしちゃうから夜に用意しておこうね」と声をかけて一緒にチェックしたり、いっそお母さんが全部用意してあげればいいわけです。私はほとんど用意してあげていました。

また、ときどき「朝に勉強の時間を取っているけれど、全然集中しなくてイライラするんです」といった相談もいただきますが、その子は朝型のライフスタイルが合わないだけなのかもしれません。朝に得意・不得意があるのは、子どもも大人も同じです。実は、我が家は親子ともに完全に「夜型」でした。

**親の「こうあるべき」という思い込みに当てはめ、子どもを変えようと躍起になったり「うまくいかない」と悩んだりする。これは、子どもの観察と親の工夫が足りないと言えます。**

向いていないことをさせられ、親には叱りつけられ……なんて、考えただけでうんざりしてしまいますよね。

お母さんが1番に考えるべきは、**「どうすれば子どもが毎日をご機嫌で過ごせるか」**です。どんなに勉強ができても、テキパキ動いても、毎日が楽しくないと意味がないのですから。結果的に、子どもがご機嫌でいられるやり方が、その子に合った「いいやり方」なんです。

ですから、性格を変えようとせず、まずは受け入れる。

そして、本人が困らないように「やり方」を変えてあげる。

その子の持ち味を否定せず、できるだけ生きやすいように導いてあげましょう。

## 「親の口ぐせ＝子どもの口ぐせ」一度振り返ってみて

**スポーツでは、人の言うことを素直に聞ける子が圧倒的に伸びていきます。**

反対に、注意されたことにこだわったり、自分を否定されたと受け取ったりして、「でも」「だって」「そうは思わない」と反発するようになると、その子の伸びしろは、そこでおしまいです。

大切なのは、指導されたり注意されたりしたことは、一度「うん」と受け止めること。正直、内心どう思っていてもいいんです（笑）。航平も「うん、わかった」と言いながら、結局自分のやり方を譲らないことも多々ありました。

でも、まずは言われたことは受け入れて試してみないと、その子は新しい世界を見ることができない。自分の狭い世界で生きていくしかなくなるんですね。

ですから、わたしはレッスン中、「でも」「だって」と返してくる子にはその都度「その言葉は使わないよ」と指導するようにしています。


では、どのように育てれば、「素直な子」になるのでしょうか？

もちろん、「こうすればいい」という明快な答えはありません。

ただ、**素直な子は素直な親に育てられているんだな、**ということは痛いほどに感じます。そして、その反対もまたしかり、です。

たとえば、わたしがなにか指導したときに、「でもね、先生」と反論から入る親御さんの子どもは、指導したときに判で押したように「でもね、先生」と言ってきます。人に注意されたときに受け入れず、「まず反論する」「まず自分を守る」というスタイルが親から伝わってしまうんですね。

子どもが「でも」「だって」ばかり言う。素直に言うことを聞いてくれない……。そう悩むお母さん方は多いのですが、原因は、もしかしたら自分にあるかもしれません。「なんで素直に聞けないの！」と怒る前に、一度、自分の口ぐせを振り返ってみてはいかがでしょうか。

子どものためならいまからだって直せますよ、きっと。

13

子どもの性格②

# 協調性

ワガママはNG、
マイペースはOK

# 「ワガママ」と「思うがまま」を見極めてあげる

最近は「協調性」「コミュニケーション能力」が重視されているようですが、**子どもに協調性を持たせようとするあまり、ついつい「その子のためにならない声かけ」をするお母さんが多いように感じます。**

たとえば、絵を描くのに夢中になっている子どもに、「ほら、あっちでみんなと遊んできなさい。お友達と仲良くしなさいね」と言うこと。

これは、「協調性を育む」という体《てい》で、子どもの個性を抑えてしまう言葉がけです。親に「みんなと合わせなさい」と促され続けた子どもは、「自分はどうしたいか」がわからない子、周りに流される子になってしまうでしょう。

私は、自分を抑えてまで周りと合わせる必要なんてないと思っていましたし、子どもたちにそれを強いたことは一度もありません。すべきこと以外は、だいたい「思うがまま」にさせていたからでしょうか。子どもたちは周りを気にせず自分のやりたいことに打ち込める、マイペースな性格に育ったようです。

**そもそも、自分がやりたいことをガマンして周りと合わせるのは、協調性ではありません。**それは、なあなあでつるんでいるだけです。

人とつるむことなく、自分の課題に集中できる——ある種の孤独に耐えられてこそ、個性が生きてくるのです。

また、自分のやりたいことに集中する子を「ワガママ」と言う人もいますが、**ワガママとは、その場の刹那的な喜びに流されてしまうことです。**「勉強しなきゃいけないとわかっているけれどゲームをしてしまう」といったように、目の前の快楽を取ってしまうことを言うのだと思います。

その子の「これがやりたい！」があるのであれば、「思うがまま」に打ち込ませてあげる。ただし、その子が快楽に流されたり、自分が決めた目標に対してふさわしくない選択をしたら、「本当にそれでいいの？」と気づかせてあげましょう。

# マイペースは直さなくていい。協調性はなくていい

佐藤さんのおっしゃるとおり、「思うがままにしたいことをする」と「ワガママ」はまったく違うと思います。

航平が小学2年生くらいのとき、あまりに体操ばかりに打ち込むものですから、

「この子はこのままでいいんだろうか。ほかの世界も見せたほうがいいのではないか?」

と一瞬だけ悩んだことがあります。そこで、

「航ちゃん、野球とかサッカーとか、友達と一緒に遊ぶスポーツも週に1回くらいやってみようか?」

と聞いてみたんですね。

すると、なんと言ったと思いますか?

「いや、楽しくないからいい」

このとき、「この子に無理やり協調性を持たせようとしても、ストレスになってしまうだけだ」と確信を持ちました。せっかくこんなに楽しそうに体操に打ち込んでいるわけだし、もう好きなことを好きなだけさせればいいや、と。これもワガママではなく「思うがまま」ですよね。

航平は小さいころから引っ込み思案で、集団行動があまり得意ではない子でした。それに、ものすごくマイペース。それはいまも変わらず、チームメイトに焼肉に誘われても乗り気じゃなかったら、「いや、行かない」と言って一人で残ります。

要は「自分がどうしたいか」が明確なのです。

これは、個人競技には向いている性格ですし、毎日ひたすら練習に打ち込めるのもこの性格があったからこそかもしれません（これは最近人から聞いたことですが、一流と呼ばれる人たちは、比較的この性質があると言われているそうです）。

いま、あのとき無理やりサッカーチームに入れなくてよかった、と心から思うのです。**子どもが本当に打ち込んでいるものがあるなら、親が求める「子どもらしい協調性」なんていらないと思います。**

# 「駄々をこねさせない工夫」が必要

一方で、ワガママという点では、**航平も春日も比較的ワガママを言わない子でしたが、「ワガママを言わない環境」をつくることも大切だと思います。**

子どもが「帰らない！」「買って！」って駄々をこねる姿をたまに見かけますが、こうなるのは「満足していないとき」。ですから、わたしは「子どもたちをいかに満足させるか」を考えていました。

たとえば、おもちゃ屋さん。普通であれば「なにを買うか」を考える場所かもしれませんが、わたしはおもちゃを買うとき以外はいつも、無料のプレイルームのようなところで飽きるまで遊ばせていました。できるだけ、子どもたち自身が「もういい」と言うまで、です。

航平や春日が「おもちゃ買ってよ！」と大の字になって泣くようなことが1回もなかったのは、「お金がないから今日は買わないよ」と説明したうえで、飽きるまで遊ばせたから。「もういい？」と聞き、うなずくまで急がさずひたすら待っていたからだと思います。

**ですから、わたしは本屋さんやおもちゃ屋さんには、時間がないときには絶対に行きませんでした。**

「ほら、時間がないんだから帰るよ」と言って好奇心を満たしきっていない子どもを途中で引きずれば、後ろ髪を引かれて「もう少し！」と駄々をこねたくなるでしょう。それでお母さんに叱られれば、せっかくの楽しい気持ちも消えてしまう。それならはじめから連れていかないほうがいいんじゃないか、と思うのです。

子どもがワガママを言うような環境をつくっておいて、叱りつける。これってなんだか、理不尽だと思いませんか。

お母さんも子どももニコニコ過ごすためには、どうすればいいか。子どもが満足するためには、どうすればいいか。

そう考え、お膳立てをお母さんがしてあげるだけで、「うちの子はワガママで……」と言う回数がぐっと減るのかもしれません。

14

# 反抗期と親子ゲンカ

反抗する「理由」を考える

反抗期は自立するうえで必要

# 「なぜこの子はこんなことを言うのか?」を一歩引いて考える

佐藤家の4兄妹には、いわゆる反抗期はありませんでした。こう言うと驚かれますが、事実です。ただし、私の言うことをすべて聞いていたわけではありません。いわゆるケンカや言い争いレベルのものはそれなりにありました。そういうときは、私も人間ですからカチンとくることはあります。しかしそんなときは、**「どうしてこの子はいま、こういうことを言ったんだろう?」**と因果関係を考えてみることにしていました。そうすると、「瞬間湯沸かし器状態」の怒りは収まってしまうんですね。

そのうえで、「3年経ったら自分でバカなことを言っていたと気づくだろう」と思えば無視する。「いま直しておかなければならないな」と思ったら、「その態度はちょっとおかしいでしょ」「ママはその考え方や言い方はおかしいと思う」と言葉で伝えます。

娘の大学受験では、ほぼはじめての娘との大きな親子ゲンカというか、一悶着《ひともんちゃく》がありました。

じつは、長女は高校2年生の2月から3年生の5~6月にかけて、長期で体調を崩していました。熱が下がらず、身体もだるく、横になることしかできない。学校にも行けませんし、当然、勉強なんてできなかったんです（結局、リンパ節炎らしいとのことでした）。

さて、ようやく快復した高3の夏休み。

もともと私は、娘は女の子ということもあり、安心のため夏以降6回ある東大模試ではすべてA判定を取らせたいと考えていました。「もしかしたら、女の子は男の子に比べてメンタルが繊細かもしれない。でも、すべての東大模試でA判定を取っておけば自信を持ち、落ち着いて本番に臨めるだろう」と考えたのです。

そこで兄3人よりもさらに先取りし、中学1年生から受験の計画を練ってきました（だからこそ、数ヶ月のブランクも致命的ではなかったのです）。そして、東大模試でA判定を取るためには夏休みにひたすら東大の過去問を解くべきだ、ともわかっていました。

ところが長女は、「塾の夏期講習に行きたい」と言い出したのです。暑い中、片道1時間かけて大阪に行き、数時間の講義を受け、2時間ずつ予習と復習に当てる。これでは夏期講習だけで一日が終わってしまい、過去問を解く時間がありません。

「それじゃあ絶対に成績は上がらないよ。A判定を背負って受験に臨むのとB判定を背負うのでは、精神的な余裕が全然違うんだからね。夏期講習は諦めて、東大模試に集中しなさい」

と諭すと、

「ママはお兄ちゃんを3人とも東大に合格させたけど、たまたまかもしれないでしょ。だいたい、私にその方法が合うかわからないじゃない」

と反論してくる。自己主張するのはいいのですが、否定しようとする言い方にはさすがにカチンときてケンカになりました（笑）。

でもそこで、**「どうしてこの子はこんなことを言うんだろう？」**と考えたんです。受験の孤独に耐えるのは、厳しいことだと思います。娘は末っ子ですから、家の中にはもう兄たちがいません。夏期講習に行けばほかの受験生、しかも灘のような優秀な学校の子もいるから安心するのでしょう。それに、女の子ですから「新しいサンダルを履いていく場所が欲しい」「パフェを食べて帰りたい」「友達とおしゃべりしたい」といった理由もあるのかもしれない。

病気の間も2人きりでしたし、「またママと40日間マンツーマンなんて無理」と思ったのかもしれない。それで、私のやり方を否定してみたのかもしれない。

そう考えていくと、口論しつつもどこか落ち着いていられるんですよね。カッとなって「もういい、好きにしなさい」と匙《さじ》を投げるには至りませんでした。

とはいえ、2人でいくら話してもらちがあかなかったので、兄3人に電話することに。すると長男は娘に、

「それはママが正しいわ。まあ、18歳までは言うことを聞いて、大学に通ったら思う存分逆らえばいいいやないか」

と助言したそうです（笑）。

次男からも同じようなアドバイスがあり、3人からは「そんなに行きたいなら2日くらい行かせてやれば？」と言われたので、その案を採用することにしました。

結果的に、東大模試はすべてA判定。息子たちには「家で過去問をひたすら解いたのがよかった」と報告していたようです。

高校3年生で受験という1秒を争う事態でなければ、私もここまで強硬な姿勢を取ることはなかったでしょう。それでも、「なぜこの子はこんなことを言うのか」を考えたからこそ、感情的になりすぎることはなかったのです。

子どもに「冷静になれ」と言っても、まだむずかしい。そこは、大人である親がまず落ち着き、慮《おもんぱか》ってあげるべきではないでしょうか。

## 反抗は成長。でも、度が過ぎたらきちんと叱る

反抗期は、「反抗期」と思うからイライラしてしまうのでしょう。わたしは、**「自立していくうえで必要な時期」**だと思っています。「反抗できるぐらいものごとを知るようになった、成長してきた」と、ありがたがってもいいくらいです。

ただ、その態度があまりにもひどく、相手に失礼なときは、諭《さと》してあげなければならないと思います。

1 心構え 考え方
2 コミュニケーション
3 早期〜幼児教育
4 生活&家族のルール
5 能力の伸ばし方
6 本番に強くなる方法

娘の春日は、自身が体操で伸び悩み、反対に航平が躍進していた中学3年生〜高校2年生の時期が、いわゆる「反抗期」でした。だいたい不機嫌な顔をして過ごしていましたし、ひどいときには私が話しかけても無視。ただ、その時期の春日は本当に苦しそうでしたから、そっとしておいたんですね。

それでもあるとき、わたしに対するひどい態度が2〜3日続きました。「今日は何時に帰ってくるの？」と聞いても、答えない。不機嫌な顔でむっつりと黙り込んで朝ごはんを食べる春日を見て、堪忍袋の緒が切れました。

はじめて、春日の頰《ほお》をパーンと叩きました。はじめて親に叩かれ（主人も叩いたことなどありませんから）、唖然《あぜん》とする春日にわたしは、

「ママね、もうあなたのママなんてやってられない」

と言いました。

「あなたがそういう調子でい続けるのであれば、もう体操なんてやめてくれる？ 体操の神様が怒るから。あなたみたいな生徒は体操に失礼なの」

うつむいてぽろぽろと涙を流す春日。みっちり1時間、真剣に怒り続けました。

でも、そこから春日は変わりました。真剣に伝えたことが、ちゃんと伝わったようでした。

最近、およそ10年ぶりでしょうか、春日に「あのときはどうしてあんな態度だったのかな？」と聞いてみたんです。すると、彼女はこう答えました。

「自分でもよくわからないんだけど、意味もなくイライラしてたの。でも、当たる相手がママしかいなくて。ママは自分のことを心配してくれてるってわかってはいるんだけど、その優しさに無性にイライラしちゃったんだよね。叩かれたときは、本当に悪かったなって思ったよ」

これもまた、子どもが成長するなかでの葛藤《かっとう》だったのでしょう。

本来めでたい反抗期ですが、とはいえ感情のままに不機嫌をばらまいていい、というわけではありません。

みんなが気持ちよく過ごす家であるために、そして子どもが自分のイライラに振り回されないためにも（子どもだってずっと不機嫌でいるのは疲れるはずです）、向き合うときにはしっかり向き合う必要があるのかもしれません。

15

# NGルール

「悪口」「嘘」「嫉妬」

「先生の悪口」「学校の悪口」

# 「悪口」「嘘」「嫉妬」は×。日ごろから言葉や態度で伝える

我が家では、子どもたちに「こうなってほしくない」と思うことは普段から言葉や態度で伝えるようにしていました。

代表的なものが、「悪口」「嘘」「嫉妬」の3つです。

## ① 悪口

私は子どもの前で、先生や学校、夫やほかの人の悪口は絶対に言いませんでした。

**子どもはよくも悪くも素直ですから、大人のちょっとした非難を本気で受け止め、その相手へのリスペクトがなくなってしまいます。**ですから、学校やクラスの方針に納得できないことがあったら、家でグチグチ言わず直接伝えるようにしていましたし、夫に文句があるときはその場で本人に伝えるようにしていました。

それに、悪口を言うときはだいたい感情的になっているとき。感情的にならなければ、そもそも悪口は出てこないはずです。

## ② 嘘

私は子どもたちが小さいころから、「保身のための嘘がバレると信頼を失うよ」「一度嘘をつくと、つじつまを合わせるためにたくさんの嘘をつかなければならなくなるよ」と事あるごとに言っていました。

実際、そのことをよくわかってくれているんだな、と思ったことが何度かありました。

本人の名誉のため誰かはふせますが（笑）、大学時代、塾で講師のアルバイトをしていた息子。たまたま私がきょうだいで住んでいる東京のマンションにいるとき、昼寝中の彼の携帯に塾から電話が入ったんです。なにごとかと思って聞いていたら、どうやら授業が入っていることをすっかり忘れていたよう。

すると彼は、「すみません、寝ていました！」と言ったんです。あまりの正直さに「『気分が悪くて横になってた』とか言えばいいのに」と私が漏らすと、

「いや、あのね。どうせバレるし、いつかつじつまが合わなくなるから、嘘はダメなんだよ」

と言って、走って塾に向かっていきました。そのとき、「ああ、親の言葉ってちゃんと伝わってるんだな……」としみじみ感じたものです。

また、**親が子どもの失敗に対してガミガミ怒ったりネチネチ責めたりすると、子どもは身を守るために嘘をつきがちになります。**子どもにとってマイナスの出来事が起こったときの親の態度は、子どもを嘘つきにするかどうかを左右するのです。

### ③ 嫉妬

子どもが妬《ねた》みの感情を覚えないよう、他人を羨《うらや》ましがる発言はしないよう心がけました。

たとえば、「○○ちゃんの家は大きくていいね」とか「○○君のお父さんはかっこよくていいね」といった羨望の言葉は、絶対にNGです。その言葉の裏には（でも、うちは小さいし……）とか、（それに比べてうちのお父さんは……）といった比較の気持ちがあるからです。そんな比較の言葉を聞かされた子どもは、無意識に「相手と自分はどちらが上か」を考えるようになってしまいます。

テストでも、自分の点数や習熟度合いではなく、ほかの子の点数や順位ばかり気になるようになってしまうでしょう。

**他人との比較は百害あって一利なしです。**いま自分が置かれている環境に文句を言わないこと、逆に自分の現在の状態に感謝して、これから先の努力を考えることが大事だと思います。

自分の幸せに気がつかないと、ついつい人を妬んでしまうもの。ですから、お母さんは「自分は幸せ！」という気持ちを忘れないようにしましょう。

## 親は、先生の悪口も友達の悪口も絶対に言わない

子どもにとって学校は長い時間を過ごすところだから、なるべく楽しく過ごしてほしい。そう思い、先生との信頼関係は壊さないように気をつけていました。

**そのために親ができるのは、先生の悪口を言わないことです。**

わたしは、「今日、先生にこんなふうに怒られた」と報告されたときは、

「あら、そうなの。ママもあなたの先生だったら、きっとそう怒ってたよ。ママと同

じくらいあなたを見てくれているから注意してくれるんだね、あなたは幸せね、ありがたいね」

と言うように徹底していました。

もし「ん？」と思っても、決して「ええ!? そんなことで怒られたの？」「それは先生が間違ってる！」「ダメな先生ね」なんて言いません。親が先生を信頼していない姿を見せれば、子どもも先生を信頼できなくなるでしょう。信頼していない人と過ごす時間って、子どもにとってもきっと楽しくないですよね。

それに、逆もまた同じ。自分を軽んじるような態度を取る子ども、先生だってかわいく思ってくれないでしょう。

**「かわいい我が子は、先生にもかわいがってもらいたい」**

そんな気持ちがあったので、先生ってすごいね、ありがたいね、と繰り返し伝えていました。

同じように、子ども同士のトラブルでも、相手の子を否定するようなことは決して言わないようにしていました。

たとえば「体操の友達にいじわるされた」と言われたら、

「あら、あなたのほうがこの技が先にできたから、妬んでいるのかもしれないね。逆に優しくしてあげなさいね」

と伝える、といったように。

もちろん、子どもと一緒になって相手の子の悪口を言うのは御法度です。親が悪口を言うと、子どもは外でも悪口を言うようになります。そして、平気で悪口を言う子って絶対に嫌われてしまうんですよね。

**親が悪口を言わないのは、子どもを守ることでもあるんです。**

こうした地道な声かけが効いたのか、航平も春日も、少なくとも家では人の悪口を言うようなことは一度もありませんでした。

16

# 子どもの夢との向き合い方

「親の夢」を押しつけない

「無理」と思っても全力でサポート

# 子どもを親の夢にしない

親は、ついつい我が子に過大な期待を寄せてしまうもの。でも、それが子どものプレッシャーにならないよう要注意です。

意外に思われるのですが、私は、子どもたちに「東大（理科Ⅲ類）に行ってほしい」と言ったことは一度もありませんし、そう思ったこともありません。ただ、いつも笑って過ごしてほしいから、東大（理科Ⅲ類）を狙うのであれば合格して笑顔になってほしかっただけだったんですね。そして、「子どもががんばるのであれば親も必死にがんばろう」と考え、「佐藤ママ流」を確立させてきたわけです。

つまり、**行動の主体はあくまで子ども。**お母さんは、子どもを自己実現や、自分の夢を達成させるために使ってはいけません。子どもとお母さんは別の人間です。子どもは子どもの人生を生きていますし、そもそもどう育つかわからない子どもを自己実現に使うのはリスクが大きすぎます（笑）。それに、「子どもが望んでいるから」という愛情ではなく「○○大学に行かせたい」という親の自己中心的な願いや魂胆に気づけば、子どもは反発を覚え、親子関係はこじれるでしょう。

**親は子どもの笑顔を見るために、子どもの夢を応援する。がんばる子どもを100%サポートする。**

それが、親ができる精一杯のことではないでしょうか。

## 「無理でしょ」と思っても否定せずにサポートする

航平がオリンピックを目指したのは、10歳のときでした。父親がインターハイで獲った金メダルを見て、

「航ちゃんもあれが欲しい。航ちゃん、オリンピックに行くけん」

と言ったんです。

はじめに聞いたときは、失礼ながら、絶対に無理だろうと内心鼻で笑ってしまいました（笑）。主人も、「ふうん、じゃあいっぱい練習せんといかんね」と流していました。なにせ、当時の航平は、大会で予選突破もままならない、緊張しいの泣き虫でし

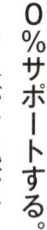

たからね。

ただし、もちろん「無理」なんて口には出しませんでしたよ。

「じゃあ、好きなだけ練習しなさい」

と言って、これからは航平の好きなようにさせようと腹をくくりました。2歳のときに高熱で命を落としかけた、身体の弱い航平。彼が唯一打ち込めるものが体操なんだから、できるかぎり応援したいと思ったんです。

もしこのまま芽が出なくても、いくらお金がかかろうとも、オリンピックという夢に向かってがんばる航平をサポートしよう。将来「ちょっと体操のうまい人」で終わったとしても、そしてそのとき「学歴がない人」になったとしても、あとは元気に生きていてくれればそれでいいや。そう腹をくくったのです。

また、同じ体操競技をする者として「わたしたちの子だし」というポジティブな諦めがあったから、航平に過度な期待をかけたり、プレッシャーを与えたりせずに済んだのかな、と思います。

わたしも夫も元体操選手で、かつ体操クラブを運営しているため、航平は「サラブレッド」と呼ばれることがあります。でも、サラブレッドなんてとんでもない！　わたしたちは2人とも、日本代表になったわけでも、オリンピックに出場したわけでもありませんから。経験者だからこそ、冷静だったわけです。

ただ、この「オリンピック選手になる」宣言から、航平は変わりました。家で過ごしている時間もベッドで柔軟体操をしたりと、本格的に体操にかけるようになってきたのです。

そして、わたしたち親の意識も変わり、より体操最優先の生活になっていきました。

借金をしてでも合宿や海外遠征に連れていきましたし、いい演技を見せるために日本中飛び回りました。

本当は東京の高校へ行かせるなんてしたくなかったけれど、航平が「いい環境で体操に打ち込みたい」と言うから泣く泣く送り出しました（この世の終わりかというくらい泣きましたが）。

振り返ってみても、航平の「オリンピック」という夢のためにずっと奔走《ほんそう》していたな、と思います。

そうして月日が経った高1の3月。選抜大会にようやく出場できた航平が、はじめて15位といういい成績を取ったんです。

「あら、結果が出てよかったね」とのんきに言っていたのですが、「今年は内村航平という選手が出てくるぞ」と言われるようになり、そして本当に、そこからみるみる頭角を現すようになったんです。

「ああ、航平が楽しく体操できている。いろいろな人に応援していただいている。これまで力を尽くしてサポートしてきてよかった」と思いました。

まさかその後、本当にオリンピックに出場し、しかも金メダルを獲るなんて思いもよりませんでしたが……。

**子どもががんばるなら、親は死ぬほどがんばる。**

これは、佐藤さんと私の共通点だと思います。

第3章

# 結果に結びつく早期〜幼児教育

17

# 乳幼児とのコミュニケーション

赤ちゃん言葉は使わない

子どもを質問攻めにする

# 言語力は思考力。赤ちゃん言葉は使わない

私は子どもが小さいころ、「なるべく早く言葉（母語）を子どもに身につけさせる」という方針で育ててきました。

人は、言葉を使わずに考えることができません。**つまり「言語力＝思考力」ですから、日本語で自分の気持ちを理解し、表現する力を身につけることがなによりも先だと考えたのです。**

ですから、子どもが0歳から18歳まで一貫して強く意識したのは、「言葉のシャワーを浴びせる」「言葉を尽くして説明する」こと。リアクションが返ってこない年齢のころから、どんどん話しかけました。

たとえば、予防接種。子どもが0歳児でも、

「明日は予防接種で注射を打つよ。痛いと思うけど、暴れたら危ないし、避けては通れないからガマンしてね」

と、きちんと噛《か》んで含めるように説明します。

「なるほどな」と理解しているかどうかはわかりませんが（笑）、おかげで4人とも注射で泣いたことはありませんでした（鈍いのかな、と心配になるほどでした）。

また、絵本を読み聞かせした後には、

「これ、独身のときに読んでもあんまりピンとこなかったんだけど、やっぱり子どもが生まれると全然感じ方が違うわ。みんなも、同じ本を10代、20代といろんな時期に読むといろんな発見があると思うよ」

といったように、自分の考えを伝えてみる。

子どもたちがもう少し成長してからも、新聞の投書欄を読んでは勉強中の彼らに、

「ちょっとみんな、聞いて。こういう投書があったんだけど、これに関してママはこう思う。だって……」

と、自分の考えをいつも表明していました。


**とくに、まだ子どもが小さいときに気をつけたのが、赤ちゃん言葉を使わないこと。**「使う期間が短いのにわざわざ覚えさせる必要もないな」と考えたからです。

実母や夫といった周りの人にも協力を仰ぎつつ、「ワンワン」ではなく「犬」、「ぶーぶー」ではなく「車」、「〜でちゅね」ではなく「〜だよね」と、大人の会話に出てくる単語やテンポ、言葉遣いでのコミュニケーションを意識しました。

まだ会話のままならない子ども相手だと、理解しているのかどうかわからず、ついコミュニケーションがおろそかになってしまいがちかもしれません。

**でも、子どもの「耳」は「口」よりもずっと早く発達していると私は感じています。**会話が成り立たなくてもちゃんと聞いているし、すべてではなくても理解している。ぜひ、積極的に話しかけ、たくさんの言葉を浴びせてあげてください。

## 赤ちゃん言葉もOK！ 子どもが大きくなったら「質問攻め」にする

佐藤さんと違ってわたしは「言葉の難易度」をあまり強く意識したことはなく、クラブの子どもたちには、赤ちゃん言葉を使ってコミュニケーションを取っています。赤ちゃん言葉というか、2歳には2歳の言葉、5歳には5歳の言葉で話すイメージですね。ベビーコースでも、チャイルドコースでも、上からではなく同じ目線で楽しく遊べてしまいます（笑）。

気取らず、子どもたちと同じ目線でコミュニケーションを取ると、子どもたちも対等に遊んでくれるんです。思ったことを伝えてくれる。それが赤ちゃん言葉でも、お互いに楽しければOKです。

とはいえ、自分の子どもを育てるときには「赤ちゃん言葉」という意識もとくにありませんでした。とにかくわたしはおしゃべりが好きで、家の中でもずーっとしゃべっていましたから。子ども相手でもお構いなし。

そんなふうにエンドレスで話しかけられ続けたからでしょうか、航平も春日も2歳のときにはペラペラしゃべっていました。佐藤さんのおっしゃるとおり、子どもの「耳」の力は相当大きいと思います。

このとき大切なのは**「お母さんが話しかけること」**。いくらテレビやラジオを垂れ流して日本語を聞かせても、不思議なことに子どもの耳は育たないようです。

ただ、クラブにいらっしゃるベビーコースのお母さんに「うんと話しかけてあげてくださいね！」と言うと、

「まだ意思疎通もできない子どもに向かって、なにを話していいかわからないんですが……」

と言われることも少なくありません。

でも、そんなにむずかしく考える必要はないんですよ。

絵本を読み聞かせるでもいいし、童謡を歌ってあげるでもいい。

「わあ、いい天気ねえ」でもいいし、「ほっぺたぷくぷくでかわいいね〜」でもいい。

ちょっと気づいたことを、ほめ言葉にして伝えてあげればいいんです。

わたし、相手が子どもでも夫でも佐藤さんでも、誰でも同じようにしているかもしれません。「あれ、髪型変えました？　素敵ですね！」とか、ちょっとした変化に気づいて伝えたら相手も喜んでくれるじゃないですか。それを、子どもにも同じようにしているだけなんですね。

さらにわたしは、子どもが2〜3歳を過ぎ、お互いにコミュニケーションが成立するようになったら**「今日は誰と遊んだの？　なにしたの？　どうだった？」と質問攻めにしていました。**

それだけ話しかける理由は、やっぱりたくさんの言葉をしゃべらせたかったから。あと、自分が質問攻めに遭うのが嫌いじゃなくて（笑）。

やっぱりわたしは、「阿吽《あうん》の呼吸」とか「空気のような関係」ではなく、言葉を使ってたくさんコミュニケーションを取りたい。

それは、相手が子どもでも同じなんですね。

18

## 早期教育①
# 能力開発の基本

「絵本」「童謡」「クラシック」

持って生まれた能力を引き出す

佐藤

# 3歳までに1万冊の絵本を読み聞かせる

「なんでこの子はこんなに泣くんだろう?」

長男が生まれて最初の数ヶ月、私は真っ赤な顔で泣きはらす彼を見ては、腕組みして考え込んでいました。すると、大分から手伝いに来てくれていた母に「子どもが泣いてるのに、腕組みして考え込む母親がどこにいるの! ミルクかおむつか抱っこ、それか暑い、寒いでしょう」と叱られたんですね(笑)。

たしかに赤ちゃんが泣く原因は、この4つであることが多い(もちろん、そうでないときもあるのですが)。それで、

「そうか、この子は『おっぱいが欲しい』『おむつが濡れて気持ち悪いよ』と言葉が使えたら泣かなくて済むんだな。だったら、早く言葉を話せるようにしてあげよう」

と気づいたのが、長男が5~6ヶ月のころでした。

「言葉を身につけるには絵本の読み聞かせがいちばん効果的だろう」。**そう考えた私は、そこから3歳までの2年半で1万冊の絵本を読み聞かせようと決めました。**

「1万冊」と聞くと、途方に暮れるかもしれません。

とはいえ、同じ絵本でも読むたびに「1冊」とカウントしたので、実際に1万冊の絵本を読んだわけではありません（同じ絵本を何十回も読んだりしましたから）。実際に購入した本の数は、およそ1500冊～2000冊でしょうか。

そのほかは、毎週日曜日に近くの市立図書館まで子どもを連れて借りに行っていました。その図書館は一人6冊まで、つまり家族6人分で一度に36冊借りることができたのですが、キルティング生地で作った3つの大きな袋に入れ、サンタクロースのような格好で帰ったものです。

そして、1万冊と言っても生まれた直後から3歳までと考えると1日10冊のペース。朝起きてから夜寝るまでの空き時間を使って10冊と考えると、絵本は1冊あたりの読み聞かせ時間が短いこともあり、不可能ではありません。

また、いちいち「どれを読もうかな」と悩むと面倒くさくなるかもしれませんが、**朝起きた瞬間に「今日読む10冊」を選んで積み重ねておけば、ちょっと時間ができたときに迷わず読み聞かせに入れます**（この、「さあやるぞ」の瞬間にエンジンがかかるように用意しておく癖が、後の受験にも役立つこととなりました）。

絵本は、まだ言葉がおぼつかない子どもと親の大切なコミュニケーションツールにもなります。もし、いま5人目の子どもが私のもとにやってきても、絵本の「1万冊読み聞かせ」は絶対にするでしょう。それくらい、子どもたちの成長に影響を与えたと感じています。

## 家の中では童謡かクラシック

**佐藤家は、家の中ではテレビなどの「画面」は一切つけず、いつも音楽を流していました。**童謡やクラシック音楽、「荒城の月」のような日本的な音楽。公文式でもらえる、英語の楽しい歌なども多かったですね。

私が童謡をおすすめする最大の理由は、「日本語がきれいだから」。正しい日本語が歌詞になっているので、そのまま覚えても安心です。

さらに、歌詞やストーリーによって想像力が育まれるし、そのストーリーも基本的にポジティブなものばかり。楽しい、おもしろい、うれしい、幸せ……。そんな明るい感情に浸りきらせてあげることができるのです。

また、モーツァルトをお腹の子に聴かせる胎教がメジャーなように（効果のほどは不明ですが）、クラシック音楽を聴いていると母親である私の心が落ち着きます。意識するかどうかは別にして、子どもも同じではないかと思います。

車の中でも同じです。夫ははじめ「こんなに童謡ばっかり聴きたくないよ。たまにはラジオが聞きたいんだけど」と文句を言っていましたが、「なに言ってるの、子どもが小さいのはいまのうちだけなんだからね。この子たちが親元を離れたらラジオくらいいくらでも聞けるでしょ」と取り合いませんでした（笑）。

人生の中で、絵本と音楽だけで過ごせる時間は長くはありません。テレビなど成人すればいくらでも見られるでしょうから、せめて子どもが小さい間は、汚い日本語やネガティブな日本語から子どもを守り、豊かな時間を過ごさせてあげてはいかがでしょうか。

## 「よさそう」を片っ端から実験して、能力を引き出す

わたしも佐藤さんと同じく、家の中では徹底して童謡とクラシック音楽を流してい

ました。そしてやはり、ちょっと不満げな夫にもそこは譲りませんでしたね。

この「家の中では音楽を聴く」もそうですが、わたしは育児において「これはよさそう」と感じたことは片っ端から試してみました。ですから、長男である航平が実験台。もちろんすべて、完全自己流です。

しかし、その一部をテレビで紹介したところ、とある脳力開発のスクールの方から「うちの卒業生ですか？」と連絡が来たこともあるので、あながち間違ってはいなかったようです。

わたしはどの子にも可能性しかないと思っていますが、「持って生まれた性格」があるように、その子ならではの「持って生まれた能力」がある、とも感じています。

体操でいうと、平衡感覚に優れている子がいたり、柔軟性の高い子がいたり。体操以外では、言語感覚が鋭かったり、抽象的に考えるのが得意だったりと、それぞれにちょっとずつ秀でた能力があります。

お母さんにとっての大仕事。それは、**自分の子の「持って生まれた能力」を引き出してあげることです。**

たとえば航平は、体操の技を「絵」で覚えるという能力を持っています。自分自身の競技中の姿を連続写真のようにイメージで捉えていて、それを実際に絵に描けてしまう。これは、体操選手にとって大きな武器となる力です。

じつはこの画像で覚える能力、わたしも持っています。試合のシーンも、講演会も、はじめて佐藤さんにお会いした場面も、すべて「絵」のようにして記憶しています。だから「遺伝だ」と言われればそれまでかもしれません。

**ただ、仮にどんなに遺伝要素があったとしても、その能力を伸ばしてあげなければすぐに消えてしまうでしょう。**たとえば、サルの本能（にぎる）だって、生まれたときはみんな持っているけれど、生後7〜8ヶ月で消えてしまうと言われますよね。

航平の場合なにが効果的だったかというと、普段の遊びに取り入れていた「フラッシュカード」ではないかと思います（当時はそんな言葉があるとも知らなかったのですが）。

これは、絵や言葉、数字が書かれているカードをぱっ、ぱっ、とスピーディにどん

1 心構え 考え方
2 コミュニケーション
3 早期〜幼児教育
4 生活&家族のルール
5 能力の伸ばし方
6 本番に強くなる方法

どんめくっていき、書かれている絵と内容を理解させるカード遊びです。幼児教室では、いわゆる右脳開発に使われているようです。

姿勢、角度、次の動作への流れなど体操中の「絵」を瞬時に覚える航平の能力は、このフラッシュカードでより伸ばすことができたのかもしれません。

**持って生まれたその子の能力が消える前に、伸ばす。**

それができるのは、小さいころから「この子になにを与えるか」を決められる、愛情たっぷりのお母さんだけです。

## 脳力開発は「遊び」として取り入れる

航平と春日の経歴を見ると、体操に特化しているように見えるかもしれません。でも、わたしは運動だけできる子には育ってほしくなくて、アタマのやわらかい、発想が豊かな、情緒的な子に育ってほしいな、と考えていました。

そんな思いを持っていたこともあり、航平が6ヶ月のころから絵本の読み聞かせを始めました（佐藤さんと同じ！）。昼間は膝の上に乗せて、寝る前はお布団の中で……。佐藤さんのように冊数は数えていないのですが、本当にたくさんの絵本を読んであげました。絵本の読み聞かせは得意だし、わたしも楽しかったです。

また、航平が言葉を発するようになってからは、よく自作のクイズを出していました。

紙に1本の線を斜めに引いて、「航ちゃん、これなーんだ？」と聞く。わからないようだったら、「公園にあるよ」とヒントを出したり、ちょっとだけ線を足したり。正解は「滑り台」ですが、こうした想像力を働かせるようなクイズでいつも遊んでいました。

いまは、クラブでもこの「絵当てクイズ」や、わたしが描いた似顔絵当てクイズといった遊びを取り入れています。子どもたちはこうした頭を使ったクイズが大好きですから、いつも大盛り上がりです。

ほかにも、買い物中にジグソーパズルが目に入り「あ、これは脳にいいかも」と思ったら即座にカゴに入れていました。先の「フラッシュカード」しかり、とにかく、せっかく持っているかもしれない能力を伸ばさなければもったいない、と前のめりだったんです。

とはいえ、「賢い子に育てなきゃ」と躍起になってスパルタ教育をしていたわけではありません。あくまで、子どもたちと一緒に楽しく遊ぶための道具として使っていただけ。

**「これはよさそう」と思いついたら、とりあえず「遊び」として取り入れてみる。**これが、周子流です。

## 「動物の本能」が消える前にいろいろ試してみる

赤ちゃんは無限の可能性を秘めています。**とくに運動能力に関しては、赤ちゃん時代になにを経験させるかで、その後の伸びが大きく変わってくるとわたしは思っています。**なぜなら乳児期は、動物としての本能をまだ色濃く残しているはずだから。

「そうだ、『おサルの本能』を失わないうちに、いろいろさせてみよう！」

航平が生まれてすぐ、そう考えたわたし（まだ入院中でした）が始めたのはボールペンや箒《ほうき》の柄を握らせての引っ張りっこでした。

サルの赤ちゃんは、生まれてすぐに木につかまることができます。「だったら、人間だってできるのでは？」と考えたんです。実際、人間の赤ちゃんも、まだ本当に小さくやわらかい手で、でも驚くくらいしっかりとした力で引っ張り返してくれます。

3ヶ月が過ぎ、首がすわったころには、足の裏や指先の感覚を鍛えるために鉄棒の上に立たせたりぶら下がらせたりもしました（もちろん身体を支えて、ですよ）。それが効いたのか、航平も春日も小さいころから鉄棒は上手でしたし、なんというか、身体になじんでいる感じがしました。

ただ、航平で後悔したのが、水嫌いになってしまったこと。

やっぱり1人目は慎重になってしまい、「鼻や耳に水が入って大丈夫だろうか」と、なかなか水の中に入れられなかったんです。そうして「陸」で過ごすうちに、水

への抵抗感が生まれてしまったのでしょうね。水嫌いになった航平を見て、

「魚の本能が消える前に水に慣らしておくべきだったな」

とわたしは反省しました。

それで妹の春日は、産院から退院してすぐにザブンとお風呂に沈めてみたんです。やっぱり2人目って、なにかと大胆にできてしまうんですよね（笑）。

春日はお風呂に沈めても泣きませんでしたし、目を開けて笑いながらプカプカたゆたっていましたよ。その効果でしょうか、航平はいまも水が好きではないけれど、春日は水に対する恐怖心がまったくないようです。

また、買い物に行くときは、

- **「この線の上だけを歩く」とルールを決めて歩く**
- **段差があったらジャンプさせる**
- **タイヤがあったらタイヤ跳びをさせる**
- **兄妹で手をつなぎ、目的地まで石を交互に蹴らせる**

といったように、思いつくかぎりの「運動遊び」をしていました。

そんなふうに日常の中で全身を使って遊んでいるうちに、1歳を過ぎて「気をつけ」ができるころには、二人とも「夫の手のひらの上に乗る」という特技を身につけていましたね。

いま「運動遊び」と言いましたが、これらはすべて「やってみようよ!」「おもしろいよ!」という気持ちで始めた気軽なものです。「運動神経を鍛えなければ」と気張らずとも、小さな遊びを取り入れることで子どもの運動神経はめきめき伸びていきます。

おそらく佐藤さんも勉強が好きになるような環境をつくっていらしたと思いますが、それはわたしも同じ。トランポリンを置いてみたり、ボール遊びをしてみたりと、運動が好きになるような環境が我が家にはあったのでしょう。

繰り返しになりますが、わたしははじめから「体操選手にさせよう」と思ってこんな遊びをさせていたわけじゃありません。ただ、運動神経はいいに越したことはないし、身体を動かせば脳にもいい刺激が与えられる。なにより子どもが楽しそうだったからこそ、日常に「運動遊び」をどんどん取り入れていったんです。

1 心構え考え方
2 コミュニケーション
3 早期～幼児教育
4 生活&家族のルール
5 能力の伸ばし方
6 本番に強くなる方法

わたしは学者ではないので、運動神経が遺伝するのかどうかわかりません。ただ、運動が苦手な親御さんはきっと、こうした「運動遊び」を考えるのが苦手なのでしょう。

**身体を動かす機会が少なければ、たとえ能力があっても引き出せない。**

そう考えると、運動神経は遺伝ではなく、環境的な要因も大きいのかもしれません。効果があるのかどうかわからなくても、「スーパーの行き帰りでひとつは運動遊びを取り入れる」などと決め、トライしてみてはいかがでしょうか。

19

## 早期教育②

# 早期の英語教育

まずは
日本語力を
伸ばす

ひたすら
「耳に
入れる」
だけ

# リスニング力は後付けできる。まずは日本語力を伸ばそう

私が「言葉のシャワー」の重要性について語ると、「英語も幼少期からの言葉のシャワーが必要でしょうか」とよく聞かれます。

私は、英語教育を考えるうえで大切なのは目標設定だと思っています。**つまり、「将来的にどのレベルの英語力を身につけさせたいのか」を決めることです。**

受験で困らないようにしたいのか、ビジネスでグローバルに活躍できるレベルを目指すのか、ネイティブレベルにしたいのか。

ここを決めないと、どんな教育をいつどのように与えるかが決まりません。なんとなく英語に触れさせても、目指すゴールが見えずに途中で挫折してしまうでしょう。

まず、「ゆくゆくは東大はじめ受験に対応できるレベルの英語を身につけたい」。これなら、後付けで充分です。

たしかにいま、大学入試に求められるリスニング力は年々上がってきています。1

分間に50単語だったのが60になり、70になり……と、どんどんスピードも速くなっている。とはいえ、訓練すればスピードにはいくらでも慣れることができます。

なにより、入試で出題されるリスニング問題は、環境問題や社会問題といったむずかしいテーマも多く、「話題の難易度」が高い。つまり、単語力が必要不可欠です。人は知っている言葉しか聞き取れませんから、文法や単語といったオーソドックスな勉強、そして教養こそが役に立ちます。

「成長してからではLとRの発音が聞き取れないのでは？」といった不安を持たれる方もいらっしゃいますが、そこも後付けで大丈夫。それに特化したCDが売っていますから、集中的に聞くことで克服できるでしょう。

もちろん、リスニング力は小さなときのほうが楽に身につけられますが、そのとき身につけられなかったといって心配することはないと思います。

もうひとつ、「グローバルに活躍させたい」という場合。これに関して言えば、むしろ必要なのは英語力より日本語力だと思います。真の意味でグローバルな舞台で活躍するために必要なのは、ペラペラな英語力ではありません。「思考力」です。

なぜなら、母語の豊富や語彙や論理展開力を持っていないと、交渉やディスカッションなど本当に大切な話をするのはむずかしいから。そして、母語で考えたことを「伝わる英語」に変換するだけなら、これもまた後付けでいいでしょう。

**言葉を自由自在に使いこなし、「深く思考できるようになること」が本当の日本語力。日本語力なくして英語力なし、なのです。**

日本語がままならないうちに「dog」「mother」といった別の言語の言葉を教えると、思考が分散してしまいます。それより絵本や一般の本、もう少し成長したら新聞の投書欄（普段接することのない人の考え方が知れるので勉強になるんです）などを読み、自分の考えをまとめ、意見を言い合えるようになるほうがよほど大切ではないでしょうか。

それに、英語は継続しなければすぐに忘れてしまいます（帰国子女だって忘れてしまうんですから）。焦って英語を学ばせるのではなく、「なによりも母語」の原則で、日本語のシャワーを浴びせることを意識しましょう。

# 英語は幼少期から中学校まで、ひたすら「耳に入れる」だけ

子どもたちがいるときには、もっぱらクラシックか童謡を流していた内村家。しかし、もうひとつだけ流していた「音楽」があります。

それが、意外に思われるかもしれませんが、英語のカセットテープです。大学受験や将来の就職に備えた「教材」ではなく、あくまで「耳に入れる音」のひとつとして英語のテープを流していました。

わたしが選んだのは、英語の先生から紹介していただいた「さわこの一日」というもの。

音楽に乗せてネイティブの発音で「グッモーニン！」、そのあと日本語で「おはよう！」と、英語と日本語がセットになって流れるシンプルなテープでした。これが挨拶に始まり、もう少し込み入ったやりとりや文章になったりするわけです。ただ聴くだけのこともあれば、みんなで「グッモーニン！」とリピートすることもありました。

英語を得意にして世界に羽ばたかせよう、なんて小難しいことを考えていたわけではありません。ただ単純に、「音楽と同じようにリズムに乗せて無意識に覚えられそう！」と、わたしの「これはよさそうアンテナ」に引っかかってきたんです。

また、海外遠征に行く前などは、わたしが英語の勉強をすることもありました。わたしが「よーし、ママがんばるよ！」と机に向かうと「なになに？」と子どもたちも寄ってきますから、一緒に英語に触れることも多かったように思います。

そうした積み重ねの結果、中学校のはじめての英語のテストでは、航平も春日も学年で1番を取ってきました。生まれてから10年以上ずっと英語になじんでいたからか、中学1年の問題なんて簡単すぎるくらいだったようです。

そのあとも、勉強が好きとは言えなかった航平ですら、英語の授業やテストで苦労したことはありませんでした。親としてはカセットを流していただけ、自分が勉強していただけ。なので、楽をさせてもらったものですね。

我が家の「英語教育」はそれだけです。でも、生まれてから中学校を卒業するまでのおよそ14年間、ずっと英語のカセットテープを流し続けていたわけですから、「継続した」という意味では効果があったのでしょう。海外遠征も多い航平の助けになったのならいいのですが……。

**英語は「勉強する」のではなく、「リズムとして耳に入れる」。**これが「周子流」です。ということで、いま、わたしも家にいる時間は「スピードラーニング」を流して耳を鍛えているところです。

20

# 幼少期の教育

手出し・口出しせず
ゆるく考える

のんびり
待つ

佐藤

# 「後付け」できない幼児教育では、手出し口出ししない

幼児教育において、親がなんやかんやと口を出すお子さんは伸びません。**大切なのは、「子どもを信じてじっと黙って待つこと」です。**


たとえば、パズルを解くとき。

「ほら、そこに入れたらどうかな」

「ああ、そこじゃないって」

と口を出すお母さん、いらっしゃいますよね。

親はよかれと思って口を出しているのですが、子どもは思うようにできないからおもしろくないし、落ち着いて考えることができません。

それに、親の言うことで「正解／不正解」を決めるので、だんだん親の意見や指示を待つようになり、親が席を立った途端、どうしていいかわからなくなってしまう子もいるそうです。

私は、子どもがパズルやお絵かきなどに取り組んでいるときは、手も口も一切出さないようにしていました。

**「私が手を出したら、私の能力の範囲内でしか発想できなくなる」**

**「私が口を出さなければ、もっと破天荒なことを思いつくかもしれない」**

そんなふうに考え、黙ってじっと見ていたのです。

子どもたちは、能力も性格もそれぞれ違います。それに、私は子どもの成長を3年きざみ、トータルでは18年という長いスパンで考えていたので、いま目の前のパズルができなくても「いつかできるだろう」とあまり気にもしなかったんですね。子どもたちも私にお構いなしで、ああでもない、こうでもないと打ち込んでいました。

ただし、日常生活は別です。子どもが4人もいると、一人がつっかえると後もどんどん遅れてしまいます。ですから、靴下をはかせたり、カバンの中に物をそろえたり、といった日常の支度などはどんどん手を出していました。

パズルやお絵かきは、幼児期のうちに脳力を開発し、伸ばしていくための遊びですから「いま手を出さないこと」が大切です。でも、靴下をはくといった能力は後付けできます。

**後付けできる能力か、できない能力か。これが、親が手出しするかどうかの判断基準です。**

## 1～9歳は「3年スパン」でゆるく考える

何歳までに、なにがどれくらいできるようになっていればいいか。幼少期の教育において、もっとも悩ましいところでしょう。

**我が家の子どもたちは1歳から公文式に入れましたが、それは「読み・書き・ソロバン」こそが基本の能力だと考えたから。**なにはともあれこの3つの能力から育てていこう、と決めたのです（ここで言う「ソロバン」は計算力のことですが、息子たちはいまも「本物のソロバンも習いたかった」と言っています。時間があったらやらせたかったのですが……）。

そしてこの「読み・書き・ソロバン」を、「3年スパン」で組み立てました。そうすることで、「いまできなくても来年できればいいし」とかなりゆったり構えられたと思います。

なにかと慌ただしい、生まれてから小学校に入学するまでの6年間。そして、中学受験が視野に入ってくる小学3年生（9歳）まで。この10年間は、行き当たりばったりだと本当にあっという間に時間が過ぎてしまいます。

かといって1年ごとに綿密な計画を立て、「1歳ではこれ、2歳ではこれ」とキリキリしてしまうと、親も子どもも疲れてしまうでしょう。

**そこで私は、「達成すべきこと」をゆるく3年で区切ることにしたのです。**「3歳までにこれ、6歳までにこれ」といった感じで目標達成の「幅」を広く設定。「0～3歳の間でできるようになる」と決めたものは1歳でできてもいいし、3歳でできてもいいという考えです。

ただし、ただ「ゆるく」ではありません。目標はしっかり定め、そのうえで期限をゆるく設定するのです。具体的に佐藤家では、

**1歳から3歳まで……ひらがなと数字を覚え、1ケタの足し算ができるようになる**

**4歳から6歳まで……小学校4年生までの公文式を済ませる**

**7歳から9歳まで……できれば、小6の範囲を終わり中学校の範囲に入り、国語は小6までの漢字を終わらせ読解力をつけておく**

といった感じで、だいたい「3年先取り」を目安にしていました。

「今年はこれができていないといけないのに……」「ほかの子と比べて進みが遅いんじゃないか」とピリピリしてしまうお母さんも、まずはどんな3年スパンにするかざっくりと計画を書き出してみてください。「あ、そんなに焦らなくてよかったんだ」と気づけるかもしれません。

## 「自分の子だからこんなもん」とのんびり待つ

わたしは、とにかくせっかちです。ずっと小走りだし、早口だし、止まっていることはあまりなくて。**でも、子育てに関しては本当にのんびりしていたと思います。**

子どもがなにか挑戦しようとしていることは、じっと見守る。なるべく手助けせず、できるまで待つ。パズルなどはもちろんですが、佐藤さんと違い、靴を履かせたりバッグにハンカチを入れたりといった日常のことも、できるだけ手を出しませんでした。

どんなに2人がのんびりしていても、叱ったりしません。だって、このわたしの子どもなのに、まだまだ小さな存在なのに、たくさんのことを求めても可哀想じゃないですか。そんな偉そうなこと、できなかったんですね。

この「自分の子どもだし……」という感覚、カリカリしそうになったときにぜひ思い出してください。

わたしのクラブでも、「うちの子はトロくて……」「要領が悪くて……」と、謙遜なのか愚痴《ぐち》なのか、自分の子どもを低く言う方がとても多いです。

そんなときはお子さんに「いやいや、ぼーっとしている顔もかわいかったよ」、お母さんには「神様とお話ししているんですよ」なんて言っちゃいます（笑）。くわえて、「あなたのお子様だから大丈夫です。自分が小さいときを思い出したら、きっとそんなもんですよ」と言うと、みなさん、「たしかに」と苦笑されますね。

往々にして、「ほら、ちゃんと並びなさい！」「あなた、〇〇ちゃんの後ろでしょう！」「なんでできないの、早く！」と口を出すお母さんの子どもほど、落ち着きがありません。

おそらく、親に受け入れられているという安心感がないのでしょう。そして、「親の顔色」が行動のバロメーターですから、親が見ていないときはより暴れん坊になってしまう……悪循環なんです。

子どものころ、運動会や遠足までの1週間がものすごく長く感じませんでしたか？ そして大人になったいま、1週間があっという間に過ぎていませんか？

**親が「大人時間」の基準でせかせかすると、「子ども時間」を生きている子どもにとってはプレッシャーです。**

できないことも、待てばいつかできるようになりますよ。なにより、その子はあなたの子どもです。よほど自分の過去を美化していないかぎり、「子ども時間」を生きていた自分と似たようなもののはず。じーっと、ニコニコと見つめて、ただ待ってあげてください。

1 心構え 考え方
2 コミュニケーション
3 早期〜幼児教育
4 生活&家族のルール
5 能力の伸ばし方
6 本番に強くなる方法

# 幼少期の子への指導は、親への指導

スポーツクラブでは1歳くらいの小さな子どもから教えていますが、わたしは「三つ子の魂百まで」ではなく、**「一つ子、二つ子の魂百まで」**だと考えています。ここでどんな言葉をかけられたか、愛情を受け取ったかで、その後の人間が決まってくるんだな、としみじみ感じます。

未就園児の指導では、基本的に「大丈夫」「そのままでいいんだよ」という言葉ばかり使っています。それも、どちらかというと子どもではなく、お母さんに向かって言うことが多いです。だって、普段その子と一緒にいるのはお母さんですから。

**未就園児への指導は、親への指導。**そう言っても過言ではないくらい、お母さんが考え方を変えることが大事です。

たとえばクラブで子どもが泣くと、お母さんは慌てて「ほら、もう泣かないの」と言いがちです。迷惑をかけたらいけないとか、せっかく来ているのに、といった気持ちがあるのでしょうね。

そんなとき、お子さんには「好きなだけ泣いていいよ」と言い、お母さんには、「意味もなく子どもは泣かないよ。なんで泣いてるか、考えてみようよ。お腹が空いたのかもしれない。妹にママを取られたと思って寂しいのかもしれない。甘えたそうにしてたら、ただ抱きしめてやってね。泣きたいだけ泣かせてあげていいんだから」と声をかけます（ついでに、「こうして腹筋が鍛えられるんだね、よかったね」と付け加えます（笑））。

わたしがそういうふうに声をかけると、「周子先生はどうしていつもそんなに落ち着いていられるんですか？」と聞かれます。それに対して、「だって、泣くだけ元気ってことよ。この子が明日死んだら、『泣いてもいいから目を覚まして』って思うでしょう？」と答えると、みなさんはっとした顔をされます。わかっているのに、ついつい目の前の子どものことでいっぱいいっぱいになってしまうんですね。

未就園児の子どもは、とくにいっぱい抱きしめてあげてください。「もっと抱きしめてあげればいいのに……」と思うお母さん、いっぱいいらっしゃいます。

そして、「大丈夫」「できるよ」と言いながら、うんと甘えさせてあげてください。

「甘えさせてあげること」と「甘やかすこと」は、まったく別物ですからね。

**1秒でも長く、少しでも幸せな気持ちにさせてあげる。**

これが、保育園に行っても、学校に行くようになっても、そして大人になってからも効いてくると思うのです。

21

# 習い事

始める
ときと
やめどきが
大事

思い切って
絞る

# 大切なのは「始めるときの吟味」。なにを「やらないか」をよく考えて

ピアノ、英語、公文式、水泳、プログラミング……。どれも魅力的で、どれも子どもの将来に必要な気がする。させないと不安だし、お金が許すかぎり、いろいろな習い事をさせてあげたい――そう考えるのは親の愛情ゆえのことですが、ちょっと待ってください。

子ども、とくに未就学の小さい子どもほど、基本的に体力がありません。来る日も来る日も習い事ばかりさせていたら、疲れてしまいます。

しかも子どもは、「疲れ」を自覚したり、表現することができません。知らず知らずに疲れが蓄積し、反抗的な態度に表れたり、ここぞというときに踏ん張れなくなったりしてしまうのです。

**重要なのは、生活の中に「自由時間」がたっぷりあること。**

「今日はなにをしようかな」と自分で考える時間、ワクワクする時間は、子どもの成長にとって必要不可欠です。思考力は「なにもない時間」がないと育ちません。

24時間キツキツに予定を詰め込んでいるようなイメージを持たれがちな我が家ですが（笑）、毎日20～30分の公文式、20分の学校の宿題、30～40分のバイオリンの自宅練習（曲の難易度が上がってからは1時間）と水泳以外、すべて自由時間でした。

習い事は「ただ経験した」と中途半端な状態で終わっても、あまり意味がありません。やはり、子どもが「これができるようになった」と自信を持てるくらいの成果が必要です。

でも、一度に4つも5つも習い事をして、それなりにモノになるまで全部続けるとしたら、子どもの体力的にも時間的にも、そして家庭の経済的にもしんどいでしょう。「始めたはいいけれど継続できなかった」とならないよう、始めるときにどれだけ吟味するかが重要です。

**大切なのは、なにを「やらないか」なのです。**

「あれもこれも」やりたいと考えたり、すでにたくさんの習い事をさせていて「どれを削ればいいかわからない」と思ったりしているお母さんは、「3年スパン」と同じように小学6年生までの計画を書き出してみてはいかがでしょうか。
たとえば、「4年生の公文式まで進んだら英語を習い始める」「バタフライができるまで水泳は続ける。その後、春休みや夏休みなどの長期休みは短期の体操教室に行く」といったように。

習い事を削るときは、一悶着あるかもしれません。子どもが「やめたくない」と主張することもあるでしょう。

**でも、小さい子どもの「やりたい」「好き」はあまりアテになりません。**

「ピアノが好きだから」と言っても、そこにいるお友達のことが好きなのかもしれない、親の期待に応えなければと気負って「やめたくない」と言っているのかもしれない。いずれにしても、「やめたくない」と言う子どもが納得できる説明ができるよう、親が12歳までの明確なプランを持ってください。

不安ゆえに、いろいろさせたくなる……、そんな気持ちをぐっと堪《こら》え、いかに「ゆるい」スケジュールを組むか。お母さんの勇気が必要なのです。

# 習い事は、ゴールを決めてから始める

前述のとおり、とくに子どもが小さいうちの習い事は親が見定めてあげなければなりませんが、このとき大切なのは**「どのレベルまでいったらやめていいか」を決めることです。**そして、そのゴールを子どもと約束しましょう。

そうしないと、やめどきがわからなくなってしまったり、子どもがワガママで「やめたい」と言ったときに親が揺らいでしまったりするのです。

「子どもがやめたいならやめさせればいい」と思うかもしれませんが、それでは**「嫌ならやめる」という「やめ癖」、「負けたら逃げる」という「逃げ癖」がついてしまいます。**そんな癖がつくと成功体験も得られませんし、別のときに「この前はやめてよかったのに、どうして今回はダメなの？」と子どもに聞かれたときに説明もつきません。

「やめ癖」や「逃げ癖」がついた子どもは、受験はもちろん、社会に出てからも苦しむことになります。そんなの、可哀想だと思いませんか。

そうなってしまわないよう、あらかじめ子どもとゴールを決め、それを達成したら好きなときにやめていいよ、と約束するのです。

佐藤家は送迎や練習の関係で、いつも4人まとめて同じ習い事でした。

まず、「いざというとき命にかかわる」と考え、運動系は水泳を選択。約束したゴールは、「個人メドレーができるまで」でした。

このゴールは全員達成したうえでやめたわけですが、とくに長男は最後の数ヶ月間、小学4年生から通い始めた塾とバッティングしてなかなか大変そうでした。でも、「じゃあやめようか」とはならなかった。せっかく数年間がんばってきたのに、「バタフライだけは中途半端に終わった」とはさせたくなかったからです。

また、もともと私が音楽教育家である鈴木鎮一先生を尊敬していたこともあり、「子どもが生まれたらスズキ・メソードのバイオリンを習わせる」と決めていました（スズキ・メソードは親も一緒に習う方針のため、私も子どもたちと同じタイミングで始めました）。

ただ、バイオリンは思いのほか練習が大変で、難易度が上がると1日2時間練習しても追いつかないように。さすがに長男の塾と両立できなくなったため一度は中断しましたが、「一度決めたゴールまでやりきろうね」ということで、中学校に入学してから再開しました。

**親がビジョンやゴールを明確に持っていれば、ほかの子と比べて一喜一憂するといった不毛なこともせずに済みます。**たとえば、水泳で目指すゴールが「個人メドレーを泳げるようになる」であれば、上手になる期間の長さは関係ありませんからね。

大切なのは、ゴールに向かって進んでいること。「同じ時期に始めた○○君はもうバタフライまで進んだのに、うちの子はまだ平泳ぎ」なんて、考えるだけ無駄です。

## 猛烈な「好き」がないのであれば、勉強をおろそかにしない

習い事は、子どもの才能を伸ばすと同時に将来の趣味にもなりえます。

ただ、それに打ち込みすぎて勉強に手がつかなくなり、いざ進路を選ぶときに「ど

1 心構え 考え方
2 コミュニケーション
3 早期～幼児教育
4 生活&家族のルール
5 能力の伸ばし方
6 本番に強くなる方法

っちつかず」にならないよう気をつけなければなりません。

もちろん航平さんのように、強烈な「好き」という気持ちや才能があれば別でしょう。どんな長時間の練習もつらくない、「自分にはこれしかない」という確信がある。そういう子どもを持った親御さんは、その才能を伸ばしてあげたほうがいいと思います。

でも、我が家の子どもたちはそういった特別な才能がまったくありませんでしたから（笑）、社会で「自活」して生きていくために勉強が必要だと考えたのです。

もちろん、はじめから勉強と決めつけたわけではありません。もしも「音楽の道に進みたい」と言うのであれば勉学を二の次にしてその道に進ませようと思い、当時小学生の子どもたちを集めてこう聞いたんです。

「この中で、（バイオリンなど）音楽の道に進みたい人は手を挙げて。ママは東京藝術大学に合格させてあげることはできないから、先生を探さないといけないの」

そう言うと、みんな「いやいや、けっこうです」と言わんばかりに慌てて首を横に振る（笑）。そこで「バイオリンは趣味」と決め、大学進学を目指す方針に決めました。

実際、子どもたちは浜学園には「楽しい！」と喜んで通っていたので、勉強のほうが向いていたようです。

また、長男はサッカーが心底好きで、中高の部活から大学6年間、研修医となったいまも、ヒマさえあればサッカーに興じています。

そんな姿を見てふと、「そんなに好きだったら、灘とか東大とか行かないでプロを目指せばよかったかな？」と聞くと、「いやいや、そこまでじゃないから」とバイオリンのときと同じように苦笑しながら首を振られました。

ボールを蹴るのは好きでも、自分に才能を感じるわけでもなく、プロとしてやってきたいという思いまではなかったのでしょう（ただ、自分がお世話になったように、スポーツ選手の足を診たいからと、いまのところは整形外科医を目指しているそうです）。

本当に好きならどんなに下手でもかぶりついて練習するし、親が止めてもその道に進もうとします。それほどの「好き」は、十分に希有な才能です。親も覚悟を決め、あらゆるサポートをすべきだと思います。

**でも、本人の「これだ」という確信やキラリと光るものがないのであれば、勉強にもきちんと重きを置く。それが後々、子どもの多様な選択肢につながると思います。**

## 本当にしたいことを見つけたら思い切って絞る

航平はとにかく、「体操命」の子でした。

毎日飽きることなく練習し、「休みたい」と言うことも、サボることもない。大会で最下位ばかりでもスネることなく、次の日からまた練習に向かう。

逆に、ソロバンなどは近所に住むわたしの母が教えてくれていましたが、そういったほかの習い事を「もっとやりたい」と言うことも、本気になることもありませんでした。

そんな姿を見ていると、「この子には体操以外ないんだな」と悟るというか、自然と「思う存分やらせてあげよう」という気持ちになるんですよね。

**習い事って、きっとなんでも大事ですし、なんでも役に立つと思います。それでも、やっぱり選ばなければいけないんです。**

わたし自身、親が教育熱心だったこともあって、子どものころは習字やピアノ、歌、日本舞踊、バレエ、体操など、たくさんの習い事をしていました。

しかし、当然全部は身につきません。「モノになった」のはバレエとピアノ、そして体操くらい。しかも体操はモントリオール五輪のヒロイン、ナディア・コマネチ選手に憧れて、中学2年生のときに反対する親をなんとか説得して始めたもの（つまり親の意向ではなかった）。スタートは遅かったのですが、それでも夢中になって打ち込んだため、いまこうやって一生の仕事になっています。

わたしが取り組んだ習い事も、身につけばどれも意味があるでしょう。けれど、5つも10も習い事をしていては、薄く広く手をつけるだけになりがちです。

それでは、なかなか「モノ」にはなりません。だから、親がちゃんと取捨選択してあげなきゃいけないんです。

春日には、ピアノを一瞬だけ習わせてみたこともあります。ピアノって、指先を使うし暗譜するから脳にもいいと言われていて、いまも人気がありますよね。春日はなんでも楽しく取り組める子ですし、それなりに上達しそうに見えました。

でも、やっぱり春日も体操が1番で、体操で上を目指したい子だった。だから、ピアノは半年でやめることに決めました。子どもがいちばんがんばりたいものを、ちゃんと地に足をつけてがんばらせてあげようと思ったのです。

どの習い事を続け、どれをやめさせるか……。その取捨選択は子どもの性格や本心、才能を見極め、親が決めてあげなければいけません。春日のようになんでも楽しめる子であれば、なおさらです。

それに、どの分野でも、一流になるには時間とお金が必要です。でも、時間も予算も湯水のごとくある、なんてご家庭はそうそうありませんよね。

**だから、子どものひたむきな熱意を感じたら、お母さんが思い切ってひとつに絞る。**

なかなか勇気がいることかもしれませんが、とくにスポーツやアートといった分野では、その勇気が必要なのではないかと思います。

## 普通の習い事は「送迎の時間」がなにより大切

その道やプロを目指さない習い事であれば、わたしは**「親が送り迎えする時間」がいちばん大切だと思っています。**送り迎えの親子の時間は、習い事をする意味の「10」のうち「8」を占めているんじゃないか、と思うくらいです。

スポーツクラブ内村でも、お母さんとお子さんにはクラブまで来る道のり、そして帰り道のお買い物といった「親子の時間」を存分に楽しんでほしいと思い、そう伝えています。

「なぜ、送り迎えの時間がそんなに大切なんだろう」と思われるかもしれません。

まず、自然とコミュニケーションに集中できる時間になるから。仕事や家事でバタバタしているときとは違い、景色を見たり、会話だけに集中できるのはとても貴重な時間です。

それに、送り迎えはそれだけで「あなたのことが大事なんだよ」という思いが伝わります。

親は自分がなにか習うわけでもないのに、子どものためだけに時間を使います。「自分の時間よりもあなたを優先しているんだよ」「応援しているよ」という親の愛情を受けたお子さんは、「いつも自分のためだけに時間を使って送り迎えしてくれているんだな」とだんだん理解してくれるようになるでしょう。

少なくとも、大人になって自分が忙しくなったとき、「ああ、ありがたかったな」とじんわり思い出されるはずです。もしかしたら、この本を読んでいるみなさんも、そういった思い出があるかもしれません。

行き帰りで景色を見ながら、今日学校であったこと、今日習ったことを話してみてください。車で送り迎えをしているならば、ちょっとしたお菓子やジュースを用意して、楽しい空間を演出してみてもよいと思います。

せっかく子どものために時間を使うのですから、そんな親子の時間をぜひ満喫してほしいと思います。

22

# 好奇心の育て方

子どもの好奇心はお母さん次第

好奇心の「タネ」を与える

# まずは知識、そしてお母さん自身の好奇心が大事

佐藤

**好奇心は、知識があってこそ育まれるものです。**好奇心は「もっと知りたい！」という気持ちですから、もととなる知識がないと「もっと」とは思えないのです。好奇心のもととなる知識は、絵本や童謡、図鑑、本や親とのコミュニケーションなど、身の回りのあらゆるものにちりばめられています。私は料理が好きで家にたくさんの本があったのですが、それを見た子どもたちがはじめて見た料理を指さし、「これ食べてみたい！」と言っていましたが、それも立派な好奇心です。

**そして、子どもの好奇心は親からも伝染します。**

私は子どもたちと散歩に行くとき、なるべく植物図鑑を持っていくようにしていました。子どもたちと草花の名前や属性を確認しながら歩くためですが、じつはこれ、子どものためというより、もともと私の好奇心で始めたことです。

独身のころは植物なんてちっとも興味がなかったのですが（笑）、結婚してからふ

と庭に生えている雑草を調べてみると、ちゃんとした名前がついていたり、外国からやってきたものだったり、はたまた万葉集で詠《よ》まれている由緒正しい植物だったり……、俄然興味を持つようになり、植物図鑑を手元に置くようになったのです。

ですから図鑑で植物を調べながら散歩するのも、私の「もっと知りたい！」に子どもたちを便乗させた、と言ってもいいでしょう。


このように、お母さんの好奇心はダイレクトに子どもに影響します。

お母さんがなにかに目をキラキラさせて夢中になっていたら、子どもも「ママ、なに、なに？」と寄ってきます。

「子どもの好奇心を育てたい」と思ったら、まずは自分自身が好奇心を持って毎日を過ごす必要があるのです。

## 好奇心を伸ばすためには親の「ノリ」も大切

**また、大切なのは、子どもの好奇心が芽生えたとき、すぐに反応してあげること。**

子どもを産む前、マンガでは唯一『美味しんぼ』（原作：雁屋哲、作画：花咲アキラ／小学館）を全巻そろえていました。なんとなく捨てずに2階の押し入れに取っておいたのですが、長男が中学生になったときに「社会的な内容もあるし、地方の名物料理の勉強にもなるだろうし」と思い、みんなが過ごす1階に下ろしてみたのです。

普段あまりマンガを読まない子どもたち。はじめはただ夢中で読むわけですが、そのうち、「この料理を再現したい！」と言い出しました。

子どもたちが「やってみたい！」と言うのなら、応えてあげるのが親の務め。必要な材料をすぐスーパーに買いに行き、その日のランチは子どもたちにお任せ、ということが何度もありました。『美味しんぼ』のレシピはかなり再現しましたよ。

もちろんマンガのレシピですから、家庭料理だけではありません。高級ベーコンを普通のベーコンに格下げさせてもらったりはしましたが（笑）、「これ、どうやって使えばいいんだろう……」というような変なスパイスが残ってしまうことも多々ありました。

決して経済的ではありません。台所も散らかります。でも、子どもたちが好奇心を満たせるのならいいや、と気にしませんでした。

「材料費がかかるし、散らかるからやめてよ」

「たかがマンガのレシピでしょ」

なんてお母さんが言ったら、子どもたちもつまらない。「気になったことを実験してみる」といったマインドも潰れてしまいかねません。

そういう意味で、**親にも「いいね！」「やってみよう！」と言える、「ノリ」が必要なのかもしれません。**

## 好奇心の枝葉のもとになる「タネ」を与える

好奇心は、夏の日の大樹のようにどこまでも広がっていくものだ——子どもたちを見ていると、本当にそう感じます。好奇心の枝葉は1本の幹、そして1本の枝から、あちらにもこちらにもどんどん伸びていくんですね。

**ただ、好奇心の枝葉を広げる「タネ」を植えてあげること、つまり好奇心の取っかかりとなる「外の世界」を見せてあげることは、やはり親の仕事だと思います。**

たとえば体操の大会に連れていき、「ほら航ちゃん、あの人はオリンピック選手よ」と教えてあげる。

はじめて「オリンピック」という単語を聞いた航平は、「オリンピックってなあに？」と聞いてきます。そのやりとりから好奇心は始まるのです。

「オリンピックはこの試合をいくつも進んだところにあってね。世界一を決める大会なの」

「へえ〜。それ、航ちゃんも出られるの？」

「うん、がんばれば出られるよ」

「どうすればいいの？　この大会で勝てばいいの？」

と、どんどん「知りたいこと」が湧き上がります。

オリンピック選手の話なら、「あの人はなにが強かったの？」「その種目はどうやって練習するの？」。カナダの強化合宿に話を向ければ、「カナダってどこ？」「バンクーバーってなにがあるところ？」「ここからどれくらい？」。

はじめに「オリンピック」という新しい言葉で新しい世界を見せてあげることで、好奇心は無限に広がっていくんです。

そして、この会話の枝葉をうまく広げていってあげるのもまた、親の大切な仕事です。

わたしたちの場合は体操が共通言語でしたから、好奇心の連鎖を途絶えさせないよう、「3回ひねりってどうやって練習するの？」「モリスエって、なんでそんな人の名前みたいな技なの？」と航平がちょっとでも疑問を口にしたら、「あとでね」と言わず、その場ですべて答えるようにしていました。

**「知ることが楽しい」と思ってもらえるよう、子どもの疑問は適当に流さない。**

どんなに忙しくても、好奇心を育てるためにもしっかり答えてあげてほしいと思います。

第4章

# 子どもが育つ生活のルール、家族のルール

23

# 子どもの体調管理

## 睡眠第一

佐藤

# 睡眠第一。その代わり、起きている「1秒」を有効活用する

「四当五落」つまり5時間も眠っていたら落ちる、という言葉も昔はあった受験の世界。**しかし我が家では、睡眠時間を削って勉強することは一度もありませんでした。**

たとえ受験期であっても、顔色や様子を見てちょっとでも「疲れているな」と感じたら、起床時間を過ぎても寝かせておきます。学校を休ませることもありました。疲れを残したまま勉強しても効率は上がりませんし、疲れが溜まれば体調も崩してしまいます。ですから、そこは睡眠第一、体調第一と割り切っていたのです。

1日は24時間あります。ぐっすり12時間寝たとしても、12時間は起きています。極端な話、その12時間を活用すれば勉強時間としては充分です。どんなに疲れていても24時間寝ることはないでしょうから、**どれだけ長く寝ても、起きている時間で勝負すれば受験は突破できるのです。**

その分、母親として意識したいのは「起きている時間を最大限に有効活用すること」。1分1秒でも長く睡眠を取らせてあげるために、お母さんが「無駄な1分1秒」を省く意識を持つ必要があるのです。

**本当の「無駄」は、睡眠時間ではなく、生活時間の中にあります。**

それなのに、「いつまで寝てるの！」と叱責して睡眠時間を削るわりに、子どもが部屋でなにをしているか知らないなど、起きているときの時間をなあなあに過ごさせているお母さんがとても多いように思います。

佐藤家の場合、今日やるべき公文式のプリントは、みんなが学校に行っている間に私が各々の机にあらかじめ吊るしておきました。

こうして準備しておけば、学校から帰って机に向かった瞬間プリントに着手できます。「えーっと、今日はどこをするんだっけ？」と探す時間を省けるわけです。

また、受験を視野に入れてからは、参考書や問題集に単元ごとのインデックスシールを貼っておきました。こうすれば解説を読みたいときや答え合わせのとき、ページをペラペラめくってお目当ての単元を探す時間を省けます。

子どもの健康のためには、睡眠時間を削るわけにはいきません。こうして起きている間の1秒をかき集め、有効活用するのもお母さんの仕事なのです。

## 「睡眠＝集中力とやる気」深い眠りのためにも、日中の疲労が大切

航平も春日も、とにかく眠りの深い子でした。毎日クタクタになるまで練習していたので当たり前かもしれませんが、春日が小学生のころ、就寝中にムカデに刺され、唇が腫《は》れても気づかずに寝ていたこともあります。

ただ、それだけ深く眠っている分、航平も春日も小学校1年のころから毎朝5時～6時ごろに声をかけると一発で目を覚ましました。「あと10分……」なんてムニャムニャすることもありません。それだけ質の高い睡眠を取れていたから、2人とも毎日元気に体操に打ち込めていたのでしょう。

**睡眠は健康だけでなく、集中力ややる気にも直結します。**

睡眠不足の状態では、頭がぼーっとします。質の高い練習もできないし、「よし、今日もやるぞ！」とも思えません。さらに体操では取り返しのつかない大ケガをさせてしまう恐れもあるため、とにかくゆっくり寝させて疲れを取ることを意識していたのです。

では、どうやって質の高い睡眠を確保するか。

オリンピックを目指していたくらいだからさぞかし寝具にも気を遣っていたのだろうと思われるかもしれませんが、使っていたのはごく一般的な寝具です（17歳で腰を痛めたときのみ、2万円ほどのマットレスを購入しましたが）。個人的に、高い寝具にはあまり意味がないように思えたんです（それに、寝具にこだわってオリンピックに行けるんだったら、みんないくらでも出しますよね）。

それより大切なのは、日中にどれだけ充実した時間を過ごすかどうかです。

**よく身体を動かし、よく食べ、よく笑い、なんの不安もない状態でベッドに入る。**

これに勝る快眠のコツはないのです。

24

## 生活のルール①

# テレビ

テレビは
「非日常」

食事中に
テレビは
見ない

佐藤

# 子育てにテレビは不要！あくまで「特別なもの」にする

テレビは、つけるのは一瞬なのに消すのには強い意志が必要な、やっかいな存在です。

子どもが小さいころは、テレビ（最近ではＹｏｕＴｕｂｅもそうですね）をつけておけば静かになるため重宝してしまいがちですが、ここが落とし穴。成長してからもその習慣は残ってしまいます。そして、テレビがついていると、子どもはどうしても画面に集中してしまいます。

私はなるべく「お母さんの声」を聞いてほしいと考えていましたし、18年しかない貴重な時間をテレビに取られたくありませんでした。ですから、テレビは普段子どもたちが上がることの少ない2階、しかも「夏は暑く、冬は寒い部屋」に追いやってしまいました（子どもたちは1階のリビングに勉強机を置いていましたし、その横の和室に布団を敷いて寝ていたので、生活上2階に行く必要がなかったのです）。

**さらに、ただ頑なに「テレビ禁止」とするのではなく、テレビ画面を見ることが「非日常」になるような工夫をこらしました。**

小学校のころは、テレビを見るときはピクニックのようにおやつやジュースをカゴに入れて2階に上がり、きょうだいみんなで（ときには私も含め）ワイワイ。みんなで楽しんだら、時間を区切って1階に下ります。

中高生になってどうしても見たいドラマがあれば2階に上がって楽しみ、きっかり1時間で下りてきます。

いずれにしても、テレビは「特別なもの」であり、「息抜きの時間」だったのです。

たまに「テレビを見ていないと、子どもがいじめられるんじゃないか」と心配されるお母さんもいらっしゃいますが、そんなこともありませんでした。子どもたちの話題って、大人が考えるよりずっと豊かです。

「息抜きの時間が終わったら、即スイッチを切る」。このメリハリがなくならないよう、あくまでテレビは「非日常のもの」として意識してみてください。

# 食事中のテレビはNG。ただし、「共通言語」である体操のビデオは例外

内村家は佐藤家と違い、テレビをリビングに置いていました。ですから、時間があるときは、家族みんなでテレビ番組を見ることもありました。

**ただし、わたしはマナーの観点から、そしてとにかく家族でたくさん会話したいことから、食事中、テレビは一切つけませんでした。**せっかく家族が集まる場なのに、テレビにばかり目線をやっていたら会話がなくなってしまう、それは寂しいと思ったからです。

夫にも、航平が生まれたときに、

「子どもたちが親元を離れるまで、食事中にテレビをつけたり、新聞を読んだりしないよう協力してほしい」

とお願いしました。

ただし、我が家には「例外」もありました。全日本ジュニアやオリンピックなどの、体操のビデオです。

## 「体操に関するビデオを見るときだけは、食事中でもテレビをつけていい」

これが、家族4人の約束でした。内村家ならではのルールかもしれませんね。いい演技は子どもたちの刺激やモチベーションにつながりますし、なによりわたしたち家族の共通言語は体操です。子どもたちも、体操でわからないことがあればわたししか夫に聞くしかありませんでしたから、「この選手ってさ……」「この技って……」と、逆に会話が弾みました。

ですから、サッカーが共通言語のご家庭でサッカー中継を見たり、ピアノが共通言語のご家庭で一流のピアノコンサートのビデオを見るようなことは、大いにやるべきではないかと思います。それが親子のコミュニケーションになりますからね。

もちろん我が家は、子ども部屋にテレビを置くようなことはしませんでした。子どもが部屋にこもり、テレビにくぎづけとなり、親とは会話をしない……なんてことになりかねませんから。わたしは、それだけは絶対に嫌だったんです。

お母さんは、自分の方針に合うように家の環境をつくることが大切だと思います。

25

## 生活のルール②
# 個室

個室はいらない

家族はリビングで過ごす

佐藤

# 18歳までしか一緒にいないのだから、個室はいらない

リビングで勉強し、リビングで食事をし、リビングの横の部屋で寝る――。佐藤家の子どもたちは、リビングを基点に生活していました。

およそ12畳のリビングには勉強机を4つ、壁に向かって2つずつ背中合わせで置いていました。キッチンの近くには、ごはんを食べるこたつ。それぞれ自分の机に向かうこともあれば、こたつで勉強することもありました。

**私は、子どもたちを部屋にこもらせないこと、子どもたちと会話すること、一緒の空気を吸うことをとにかく重視していました。**食事のときだけ部屋から出てきて、また部屋に戻っていく。それでは、家族として寂しいと思ったんです。

それに、みんながリビングで過ごしていると、誰かが夜遅くに塾から帰ってきても、リビングに入れば兄妹が必ずいます。自分だけ夜食を食べていても、横で勉強したりおしゃべりしたりしている兄妹がいる。「孤食」になりようがないんですね。

「思春期になると自分の部屋を欲しがりませんか？」と聞かれることもありますが、そのときは親がポリシーを説明すればいいでしょう。

我が家でも、友達の家で遊ぶことが増えてきた小学3年生の長男が「ママ、みんな自分の部屋があるんだよ。僕も自分の部屋があったらベッドが欲しいなあ」と言い出したことがありました。でもそこで私が、

「うちはね、子ども部屋は持たない方針なの。18歳までしかここで過ごさないのに、みんなバラバラに過ごすのって寂しいでしょう？　同じ屋根の下に住んでいるのに、壁の向こうではなにをしているかわからない……。そんなの、嫌でしょう？」

と言うと納得して、二度と「個室が欲しい」と言うことはありませんでした。

兄妹4人、小さいころからおしゃべりも遊びもよく盛り上がっていましたから（少し大きくなってからは4人で麻雀に興じたりもしていました）、それができなくなるのは嫌だなと思ったのかもしれません。

なんにしても、リビングが楽しい場所でなければ子どもは個室を求めるでしょう。「お母さんと顔を合わせたくないな」と思わせないよう、ニコニコと向き合うことが

第一だと思います。

内村

## 些細な変化を見逃さないためにも、家族全員リビングで過ごす

航平が生まれた1989年は、ちょうど「引きこもり」という言葉が社会問題になり始めていたころです。

そこでわたしは、「引きこもり」にさせないよう、**「子ども部屋にテレビは置かないこと」「リビングを家族が集まる場所にすること」**を決めました。家を建てるときも、リビングだけはちょっと広めの居心地のいい空間に設計しました。

子ども部屋は、ベッドと収納が置いてあるだけ。テレビはもちろん、勉強机も置きませんでした。勉強はリビングでさせようと決めていたからです（269ページ）。

リビングでずっと一緒に過ごしていると、子どもたちのちょっとした顔色の変化に気づけるようになります。体調面という意味でもそうですが、学校で嫌なことがあったとか、悩みがあるといったときにも「あれ、なんだかいつもと違う」とピンとくるんですね。

たとえ口には出さなくても、ちょっとした雰囲気の違いを感じることができる。こうした些細《ささい》な変化は、個室に引きこもられていたらとてもわかりません。

もちろん、子どもは平静を装うし、聞いても「なんでもない」と言うことがほとんどです。でも、「なにかある」と把握できていることは、とても大事だと思うんです。

とくにわたしのように、四六時中は子どもを観察できない、働いているお母さんこそ、子ども部屋を与えないほうがいいかもしれません。


もし、わたしが子どもたちに、いわゆる「個室」を与えていたら……子どもたちがいない間に部屋をチェックしちゃう気がします（笑）。

最近は「親であっても子どものプライバシーを侵害してはいけない」と言われることも多いですが、その考え方は、わたしはおかしいと思っています。子どものことに親が責任を持たなくてどうするんですか、と言いたいです。

子どもは自分や友達を守るために、大切なことを話してくれないことも、ときには嘘をつくこともあります。それが、子ども自身の身の危険につながることだってあります。

**だからこそ、よく観察して、適度に干渉してあげるのが親の責任だと思うのです。**

26

## 生活のルール③

# マナー

マナーは親が
しっかり教え込む

## マナーははじめが肝心。親元にいる間にしっかり教え込む

佐藤家は、マナーに関しては厳しく教えていたほうだと思います。

子どもたちが大学生になって家を出る前に一通りのマナーは身につけさせようと考え、箸の上げ下げや食べ方など、とくにテーブルマナーに関しては小さいころから口酸っぱく教えてきました。子どもたちにも常々、「マナーが身につくまでは家を出さないからね」と伝えていました。

それには、2つの理由があります。

### まず、「マナーができていない人」とレッテルを貼られると損だから。

きれいなマナーは気にならないものですが、一方でおかしな箸の持ち方はパッと目に入ってしまうものです。しかも、陰で「あの人はマナーがなっていない」と笑われることはあっても、正しいやり方を教えてくれる人はなかなかいません。そして、自分が恥をかくだけならまだしも、マナー違反を不快に感じる人もいます。マナーが身についていないというだけで、子どもが大損をしてしまいます。

2つめが、**マナーは一朝一夕で身につくものではないうえに、一度染みついた癖は直しづらいから。**

マナーはお皿洗いや洗濯といった家事と違い、教えたらすぐに身につく、というものではありません。正しい箸の持ち方も鉛筆の持ち方も、習慣になるまで繰り返し教え込まなければならないのです。

しかも、マナーは「習慣」であり「癖」です。「癖」だからこそ、一度間違えたマナーを覚えてしまうとなかなか直せないし、油断したときにふと間違ったやり方が出てしまいます。

マナーを身につけさせるには、「最初が肝心」です。子どものためにも「まだ早い」と思わず、変な癖がつく前に身につけさせてあげましょう。

## 言葉遣い、電話、マナー。当たり前のことを当たり前にできる子に

わたしは、自分の子どもたちにもクラブの生徒にも、言葉遣いに関しては厳しく教えていました。

たとえばレッスンのとき。「っていうか～」と言う子どもには、「そんな言葉を使うと、こっちが言ったことを全部否定しているように聞こえて失礼だよ」と言って「でも僕は」という言い方をしなさい、と逐一伝えます。わたしという「先生」に対して、「ていうか」とか「うざい」、「きもい」といった言葉を使うことは許しませんし、目上の人に対してはそれなりの言葉を使うように伝えていました。

## なぜ言葉遣いに厳しくするかというと、当たり前のことを当たり前にできる子に育ってほしかったから。

社会人として当たり前のことが当たり前にできない人、いま、多いですよね。スポーツ選手でも「当たり前のこと」ができないと、どんなに結果を出していても人間として魅力的じゃないな、とわたしは感じます。

ですから、真剣にオリンピックを目指す「選手コース」の子たちにはお箸の持ち方まで指導することもありましたし、電話のかけ方も徹底しました。

わたしが電話に出て「はい、スポーツクラブ内村です」と言ったら、まず「こんにちは、○○です。先生、いまお時間よろしいでしょうか」と確認させる。そして「明日の練習は何時からでしょうか」といった要件、最後の「お忙しいときにありがとうございました。失礼いたします」までしっかり言わせます。

こうした指導は、体操とは関係ないように思えるかもしれません。でもこれは、この子たちが社会に出たとき、当たり前のことができなくて恥をかかないように、というわたしなりの親心です。

また、航平や春日に普段伝えていたのも、「学校で言われたことは毎日伝えてね」「靴を脱いだらちゃんとそろえてね」「なにかもらったら、お礼を言わないといけないから教えてね」といった、「当たり前のこと」ばかり。お箸の持ち方やフォーク、ナイフの使い方、靴の置き方といった「できたて当たり前のマナー」も小さいころから教えていました。

**でも、そういう小さな約束事やマナーって、基本的には母親しか教えてあげられないんです。**他人は教えてくれませんし、大人になってからは「常識知らず」と思われておしまいです。

ちょっと小うるさくなっても、「当たり前のこと」はきちんと教えてあげる。それが、子どものためだと思うのです。

27

生活のルール④
# 字の書き方

字も「マナー」

体操と字はリンクする

# 字をきれいに書くのもひとつのマナー。将来、受験でも生きてくる

お母さんが「きっちり」するのは、テーブルマナーだけではありません。**勉強でもマナーは必要です。それが、「字をていねいに書く」ということ。**テストや入試だって「ただ書けばいい」というものではなく、「読んでいただく」という気持ちでていねいに書くのがマナーなのです。

東大の入試では真っ白のA3サイズの紙1枚を使って1問を解く、といったスタイルの問題がありますが、蟻《あり》のような字で隅っこにチマチマ書くような子は合格できません。記述問題は最後の答えが間違っていてもプロセスを評価して部分点をくれるものですが、そもそも読めなければ部分点ももらえないわけです。

**文字をきれいに書かせるためにお母さんが手を抜いてはいけないのが、書き順チェックです。**あるときは縦から書き、あるときは横から書くようでは漢字も定着しないし、正しくきれいな字は書けません。ですから、書き終わった字の形だけでなく、漢字を練習しているところを横でチェックしてあげましょう。

マナーしかり字の書き方しかり、そういうところでお母さんがいいかげんだと、子どもも受験のときにケアレスミスでぽろぽろと点数を落としていきます。「なんでちゃんとしないの！」と怒りたくもなるでしょうが、もとを正せば、守るべきことをいいかげんに流してしまったお母さんの姿勢に問題があったと言わざるをえません。一事が万事なのです。

子どもは18歳になって、いきなり「きっちり」なんてできません。親元にいる間に、「きっちりすること」を身につけさせてあげましょう。

## 体操と字はリンクする。ていねいに書く習慣をつけ、書き順は厳守

宿題でもテストでもお手紙でも、字は「誰かに読んでもらうため」に書くものです。ですからわたしも佐藤さんと同じく、「字はていねいに書きなさい」と言い続けました。もちろん書き順も厳守させましたよ。航平も春日も、書き順のテストはほとんど１００点を取っていたと思います。

それでも航平は男の子ですから、雑にノートを埋めてしまうこともありました。

1回だけ、「先生に読んでいただく」という気持ちの見えない航平の漢字ノートを「航ちゃん、字はていねいに書く約束だったよね」と言いながら、1ページまるまる消したこともあります。夫は「ちょっとあんまりじゃない？」と言ったけどわたしは譲りませんでした。

こうした甲斐もあり、航平は字がきれいです。体操と同じように、ていねいな字を書きます。

クラブでも字はていねいに書くように指導していますが、不思議なことに、字がきれいに書ける子は体操も上達していくものです。佐藤さんがおっしゃる通り、一事が万事なのでしょう。

**わたしは何事も、「いいかげんにするんだったら、しないほうがいい」と考えています。**「まあ、いいか」はありません。それは体操の練習も勉強も、そして字も同じです。

28

## 家族のルール①
# きょうだい

きょうだいは比べない

# もめごとは徹底的に排除！「平等」には神経を尖らせて

私が死んでからも、きょうだいはみんな仲よくいてほしい。せっかく同じ親から生まれたのに、仲が悪いなんて寂しすぎる。

これは、子どもを2人以上産んだお母さん全員の思いでしょう。

**でも、きょうだい仲をよくするも悪くするも、じつはお母さん次第。徹底的に「平等」「公平」であることが大切です。**

まず、呼び方。佐藤家では、決して「お兄ちゃん」とは呼ばせませんでした。「お兄ちゃん」は個人の名前ではなく、あくまで役割名。その言葉からすでに、上下関係ができてしまうと思ったからです。

私は長男が生まれたときから「愛情を持って呼びたい」と考え、「しんちゃん」「かずちゃん」といったように「ちゃん付け」で呼んでいました。子どもたちも小さいころは、私にならって兄であろうと弟であろうと「ちゃん付け」だったのですが、大人になってくるにつれ「しん」「かず」と呼び合うようになりました。いずれにしても、みんなそれぞれ対等に呼び合っています。

また、母親である私が「お兄ちゃんなんだからガマンしなさい、譲りなさい」といった言い方はしないよう気をつけていました。たった数年早く生まれただけで一生「お兄ちゃんなんだから」とガマンさせるのは、公平ではないからです。

おもちゃはひとつしかなければ取り合いになりますから、同じものを人数分用意します。

通知表も、兄妹間で比べることは御法度です。夫は「●●に比べて△△はいまいちだなあ」なんて言いかねませんから、絶対に見せませんでした。子どもはそういう、大人にとってなにげない「比較の一言」を心に刻み込んでしまうものですから。

さらに私は、徹底して平等であるために、子どもたちのＩＱを測りませんでした。何度か「測りませんか」と誘われましたが、すべて断ったのです。

なぜかというと、数字によって優劣が可視化されるのが嫌だったから。

たとえば、長男がＩＱ１１０、次男がＩＱ１００だったとき、たった10しか変わらないのに「110と100」という意識がどこかに残ってしまいます。たかがIQという数字のせいでそんな比較をすることになってしまうのが、子どもに対して失礼だと思ったんです。

これらはほんの一例ですが、それだけ「子ども同士を比較しない」と強く意識していたということです。

**そして、もっとも大切にしていたのが「食べ物」。食べ物はなにかと差が出やすいところですから、徹底的に平等にしました。**

フルーツを出すときは、ブドウの粒を同じ数ずつ分けるのは基本。身体が大きいからと長男に多めにあげる、ということはしません。リンゴであれば同じ大きさに切り、同じ数だけお皿に盛ります。複数のリンゴをむくときには、「自分のリンゴは甘くなかった！」と味にばらつきが出て不公平が生まれないよう、各リンゴがまんべんなく行き渡るように気をつけました。

身体の小さい長女がお腹いっぱいになり「あげる」と言えば、欲しい子が手を挙げます。もし兄弟3人全員が欲しいと言ったら、長女のリンゴを3等分すれば不平不満は生まれません。分けられないものであれば、ジャンケンして運に任せます。

こうした工夫が実を結んだのか、佐藤家の4人兄妹はみんな仲がよく、息子たちが上京すると娘はそうとう寂しがっていました。また、上京した息子たちは、3人で同じマンションの部屋に住んでいました。

ちなみに、長男と次男が研修医になったタイミングで長女が合格したので、いまは三男と長女が一緒に住んでいます。友達には「兄妹で一緒に住むの⁉」と驚かれるそうですが、本人たちはまったく嫌ではなく、むしろ同じ大学に通っているのにバラバラのほうが寂しいじゃないか、という感覚のようです。

**親がいかにフラットな関係をつくれるか。きょうだい仲は、親の「平等」にかかっているのです。**

# きょうだいゲンカは、親が言葉を尽くして大岡越前になる

佐藤家の４人は基本的にとても仲のいい兄妹ですが、ときにはつまらないことでケンカをすることもありました。そういうときの親のふるまいでも、「きょうだい仲」は左右されるものです。

**もし子どもがきょうだいゲンカをしたら、それぞれの意見や言い分を聞いて、結論を出してあげる。親が大岡越前になってあげるのが佐藤流です。**

子どもたち同士だと、引っ込みがつかなくなったり、支離滅裂な口ゲンカに発展してしまったり、ヒートアップしすぎて冷静になれないこともあります。

そういうときは、親が客観的に、

「いまの段階ではあなたのほうがおかしい」

「言ってることは正しいけど、言い方が間違っている」

といったように、ひとつずつ「なにをもめているのか」「どう解決するのか」を、言葉を尽くして導いてあげるのです。

親がどちらの肩も持たず、公平に判決を下すと、納得もできるしわだかまりも残りません。

**よくないのが、解決していないのに「うるさい！」と言って黙らせたり、「もうお風呂に入りなさい！」と言って当人同士を引き離したりしてしまうこと。**

こうすると一見ケンカが収まったように思えますが、「炎は消えたけれど火種が残っている状態」。それに、「なにもわかってないくせに……」と親に対する不信感も募ります。ですから親は、当事者である子どもたちが不満を残さないような采配をしてあげなければならないのです。

佐藤家では、夫がよく「ダメな采配」で収めようとして失敗していました（笑）。夫は弁護士として忙しく働いていて、だいたい帰宅は夜遅くなります。それで帰宅時に息子たちがケンカをしていると、「夜中なんだから静かにしなさい！　近所迷惑じゃないか」と言って収めようとするわけです。

仕事で疲れているときにぎゃーぎゃー騒がれたらうんざりするでしょうし、男性はそういう抑え方をしてしまいがちですが、それにまた子どもたちは「いまは近所なん

1 心構え 考え方
2 コミュニケーション
3 早期～幼児教育
4 生活&家族のルール
5 能力の伸ばし方
6 本番に強くなる方法

て関係ないじゃないか！」と反発します。彼らはまったく別の理由でケンカしているんですから、当たり前ですよね。

そんなとき、私は夫に「いま、あの子たちにとって声の大きさや近所迷惑は関係ないでしょう？ 彼らが争っていることがあるんだから、とりあえず内容を聞かなきゃダメじゃない」と言ってなだめていました……弁護士相手に、なんだかおかしいのですが（笑）。

**きょうだいゲンカは、論点をずらさずにしっかり向かい合って言い分を聞く。そして、どちらかにモヤモヤが残らないよう、必ず公平に解決してあげましょう。**

そうした積み重ねが、きょうだい仲につながるのですから。

## きょうだいは絶対に比べない

兄である航平と、妹の春日。２歳差の、とても仲のよい兄妹です。

我が家も佐藤家と同様、春日が「お兄ちゃん」と呼ぶことはありませんでした。わ

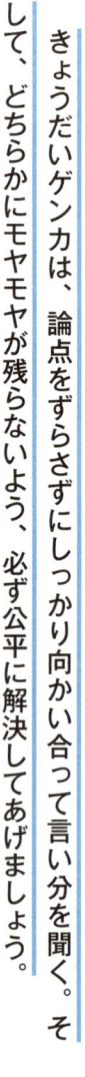

たしが2人をそう呼ぶように、小さいころから「航ちゃん」「春ちゃん」と呼び合っています。やっぱり、佐藤さんがおっしゃるとおり、名前を呼び合うことで上下関係への意識が緩くなるんでしょうね。

海外ではきょうだいのことを「ヘイ、ブラザー」なんて呼びませんし、体操を教えても「ティーチャー」ではなく「シュウコ」と呼ばれる。それを意識してというわけではありませんが、わたしも春日に話しかけるとき、航平のことを「お兄ちゃん」とは呼びませんでした。航平と春日、2人とも思いを込めてつけた名前ですからね。

そしてわたしは、2人を比べたことはありません。常に平等に接してきたし、同じだけ愛してきました。

しかし、本人たち——とくに春日には、体操をさせたこと、航平の妹であることで苦しい思いをさせてしまったかもしれない、とずっと心苦しく思ってきました。

ここまでお話ししてきたとおり、体操漬けだった我が家の子どもたち。2人で一緒にいる時間も長く、仲もよく、お互いに尊敬し合っていたようです（航平は「春ちゃんの脚力は本当にすごいよ」といつも言っていました）。

そして、幼少期からずっと、優秀だったのは春日のほう。勉強と両立もできていたし、体操ののみ込みも早かった。全日本ジュニアも中3のときに予選通過しましたし、インターハイでは個人総合3位でした。周りからは、「オリンピックに近いのは春日だ」と言われていました。

**そういうとき、わたしは決して「春ちゃんはすごいね」「負けないようにがんばれ」と航平のお尻を叩くようなことは言いませんでした。**航平は気が弱いし、逆効果になったら可哀想だと思ったからです。航平と春日を比べるような発言をしないよう、航平の前で春日をほめすぎないよう、いつも気をつけていました。

ところが、航平が高校生の後半にめきめき頭角を現したのと反比例するように、春日は伸び悩むようになってしまいました。

女の子は思春期のころ、どうしても体格が変わってしまいます。できていた技ができなくなったり、感覚が変わってしまったり……、高校時代は、自分への歯がゆさのせいでしょうね、わたしにも反抗的な態度を取ることが増えていました。

**このときには、幼少期とは逆に「春日の前で航平のことを『すごい』とは言わな**

**い」と心に決めました。**航平が出場するテレビやビデオも、封印しました（夫はいまいち女の子の機微がわからず、わたしが注意するまで春日の目の前で航平の話をしていましたが）。

おそらく、春日にとっていちばんつらかったのは、「内村航平の妹も体操をやっているらしい」という言葉だったでしょう。春日だって、子どものころから真剣に世界を目指していたのですから。

そんな春日が「次の国体で引退する」と言ったのは、大学院2年生のとき。最近とてもいい演技をしているな、と思った矢先のことでした。そのまま勢いに乗れば、NHK杯（オリンピックや世界体操競技選手権の日本代表を決定する選考会を兼ねることが多い大会）も出られるレベルだと感じていたので、わたしは思わず、

「ママはもう少し春ちゃんの演技を見たいよ。応援したいよ」

と言ってしまいました。

国体の半年後にある全日本体操競技選手権大会までがんばってほしい、そして「春日も世界で戦わせてあげたい」と思ったのです。

春日は迷った顔をしていましたが、その後、私に感謝の気持ちと現役を続けることは考え中だ、という手紙を書いてくれました。

そして、迎えた10月の国体。

春日は、本当にすばらしい演技を見せてくれました。彼女自身もそれで満足したようで、わたしの母校で高校教員になるという次の道に進むことを決断しました。

親として、平等に結果を出してあげられなかった。航平だけにいい思いをさせてしまった――そんな後悔や申し訳なさが、心の中にずっとありました。神様は不平等だと、恨めしく思っていました。

でも、高校の先生として充実した日々を送る春日が、あるとき家でこう漏らしました。

**「ママ、航ちゃんは金メダルを獲って、すばらしい成績を残したよね。けどね、いま、わたしのほうが幸せだって思うよ」**

思わず、「へ？」と声が出てしまいました。

**「だって、ママの母校で求められて、教員になって、生徒からは『春日先生、春日先生』って慕ってもらって。いま、わたしはとっても幸せだよ」**

その言葉を聞いたとき、ああ、わたしはこの子の育て方を間違っていなかった、と震えました。そして「やっぱり神様は平等だったんだ」という気持ちになりました。

いままで「どうして神様は2分の1ずつ結果を残してくれないんだろう」と恨み節を言っていたけれど、2人とも同じだけ幸せだったんだということに気づかされたのです。

もしかしたら、春日には新体操やバレエ、フィギュアスケートといった、航平とは違う種目をさせたほうがよかったのかもしれません。航平と同じ競技を選んでしまったから、思春期の女の子がしなくてもいいような苦しい経験もしたでしょう。

でも、それを乗り越えていまの幸せがあるのであれば、それはいい選択だったのかもしれない。いまはそう思えるのです。

春日の言葉で救われたのは、親であるわたしだったのです。

29

## 家族のルール②

# 夫婦関係

言いたいことは直接言う

夫婦ゲンカは子どもに見せない

佐藤

# 夫婦は、子育ての責任をシェアしない

**基本的に、子育ては「100%お母さんにお任せ」が佐藤式。** 方針も、習い事も、すべて私が決めてきました。

受験期には夫から「そんなに勉強させなくてもいいんじゃない？」と口を出されたこともありますが、そのたびに「なに言ってるの？　この子たちが行きたい学校に落ちるほうが可哀想でしょ」と猛反撃（笑）。

とはいえ夫からの口出しも全部で3、4回あったかどうかですし、彼もそのたびに「それはそうだ」と納得してすぐに引いてくれました。

私ははじめから「私が子育ての責任を持つ」と決めていましたから、長男が生まれたとき、先回りして夫に「これだけは子どもに言わないでね」と約束したことがあります。

それが、進路と職業選択に関すること。

**「○○大学に行ってほしい」「○○になってほしい」はNGワードと決めたのです。**

とくに夫は弁護士ですから、もしかしたら仕事を継いでほしいと思っていたかもしれません。けれど、子どもには無限の可能性があります。音楽家になるかもしれないし、宇宙飛行士になるかもしれない。だから、「子どもの選択肢を狭めるようなことだけは言ってくれるな」と釘を刺したのです。

実際、東大理Ⅲを受けると聞いたときは「そうか、法学部じゃないのか」とぽつりと漏らしましたが、それ以上はなにも言いませんでした。

子育てはお母さんにお任せだったのに、いざ進路や職業選択のときになって口を出すお父さんは、子どもからも反発されてしまいます。**口を出したいなら、日ごろから責任を持つ必要があるのです。**

最近はお父さんの育児参加率もだいぶ上がっているようですが、夫婦で同じビジョンを持って同じだけかかわれるのであれば、とてもいいことだと思います。

ただし、中途半端に2人ともかかわり合って、いざというときに責任を押しつけ合う――これは子どもを傷つけることにもなりますから、絶対に避けてほしいと思います。同じ分だけ責任を持てないのであれば、より子どもと接する時間が長いお母さんが腹をくくったほうがいいでしょう。

## ケンカOK！　言いたいことは直接言う

佐藤家では、夫婦ゲンカを子どもに隠そうとはしませんでした。言いたいことがあれば、子どもの前でもお構いなし。そこは取り繕っても仕方がないと思っていましたし、両親がそれぞれどんな意見を持っているのかを知り、自分はどう思うか考えるのも勉強になる。夫婦は意見が違うことがあっても言いたいことを言い合ってすり合わせていくんだ、ということもわかるでしょう。

**その代わり、必ず「その場」で終わらせること。そして、子どもに夫の陰口は言わないことは決めていました。**

まず、ケンカは長引かせると家庭の空気が悪くなり、子どもも居心地が悪くなってしまいます。また、自分のパートナーの陰口は、彼らの親の悪口を吹き込むということ。大人が子どもに対してすべきことではありません。

それに、ケンカの中で「あなたのここが気に入らない」と言うのは、できればそこを直してほしいから言っています。「責任を持たないくせに口だけ出さないで」「少しくらい家事を手伝って」といった文句は、本人に言わないと伝わらないし改善もされない。陰口を言っても自分がイライラするだけで、意味がないわけです。

……と、言いたいことをただ好き放題言っているように見えるかもしれませんが（笑）、こうしてたくさんのメディアに出るようになり、「ああ、この人が夫でいてくれてよかったな」と思うことも多いのです。

夫は私がメディアに出演することを、楽しみにしています。テレビ番組に出演すれば録画して繰り返し見て、雑誌に載れば買って読んで、そのたびに「ママ、あそこはおもしろかったわ」と喜んでいる。炎上しても「人気者だねえ」とニコニコ、私がほめられたら「ママのやり方が認められたかな」とまたニコニコしているので、どんなに世間から叩かれても「ま、夫さえ味方でいてくれればいいか」と思えます。

そしてありがたいのは、夫は弁護士としていろいろな方の人生を見てきているからか、「主婦はこうしなくちゃならない」とか、「世間体が悪い。僕の立場はどうなる」

といったことを一切考えません。

テレビに出ればインターネットに悪口を書かれることもありますから、夫も当然それを目にすることもあると思います。でも、それで「ちょっと大人しくしなさい！」と言うようなことは一切ありませんし、むしろ、いい意見だけを「今日はこんなことが書いてあったよ」と言いながらプリントアウトして持ってきてくれます。子どもたちも、そんな夫の姿を見ていると思います。

**なんだかんだ言いながら、夫婦は絶対の味方同士でいる。**

その信頼関係さえあれば、多少子どもの前でケンカしたからといって悪影響はないのではないか、と思うのです。

## 夫婦の不仲はケガにつながる。子どもの前で言い争いはしない

わたしと夫は、航平が生まれたときに「子どもの目の前では夫婦ゲンカをしない」と約束しました。裏でどれだけイラッとしても、子どもたちの前では「ねえ、パパ、コーヒー淹《い》れたわよ」と仲よくしましょうって（笑）。

なぜそんな約束をしたかというと、お父さんとお母さんのケンカのせいで、子どもに不安な思いをさせたくなかったからです。

こう言い切ってしまうとよくないのかもしれませんが、**家庭に不安がある子どもはスポーツの能力も伸びません。**

身体を動かすのは、脳からの指令です。心配ごとがなく、萎縮することなく笑顔でいることが、栄養よりも食べ物よりも脳にいい。のびのび過ごすことが、運動に欠かせない脳内伝達物質であるドーパミンの分泌の「もと」になります。

実際、心配ごとがある子ども……言ってしまえば、あまり家庭環境がよくない子どもはケガも増える傾向にありますし、治りも遅くなります。たとえば、「全治1ヶ月」と言われたケガでも、2〜3ヶ月かかってしまうこともあります。

一方で航平は、「全治1ヶ月」と言われるようなケガも、だいたいいつも2〜3週間で治していました。それは、本人の「早く練習したい！」という前向きな気持ちと、萎縮する必要のない環境との相乗効果だったのではないかと思います。

また、スポーツ選手はインプットするものが表現力に影響を与えますから、極端な話、父親が母親を殴るとか、母親が父親に食ってかかるとか、皮肉を言い合うとか、そういう姿を見せると荒い演技になってしまいます。逆に、穏やかで楽しい毎日を送っていれば、それだけでいい演技につながるでしょう。

そういうこともあり、子どもの前では絶対に夫婦ゲンカはしない、と決めていたわけです。

もちろん、航平が生まれたときに「スポーツをさせる」と決めていたわけではありません。でも、家庭環境が影響するのは、スポーツも勉強もきっと同じです。

**子どもたちが打ち込む対象がなんであっても、「この家があなたの安全基地よ、安心して好きなことに取り組んでね」と伝えてあげることは大切だと思います。**

## 子どもが大きくなったら、夫婦ゲンカではなく「議論」は見せてもOK

航平も春日も社会人になった最近では、子どもたちがいても仕事のことで夫と言い合うことがときどきあります。実家に住んでいる春日はそれを黙って聞いていますが、後から「おもしろかった」と言ってきます（笑）。

こうして子どもがケンカをおもしろがれるのは、**夫婦ゲンカが人格否定の罵倒ではなく「議論」だからでしょう。**少なくともわたしたち夫婦は、相手をけなすようなケンカは絶対にしません。もしそんなケンカを春日が聞いていたら、彼女が結婚し、夫婦ゲンカをしたときに相手をけなしてしまうようになる気がしてちょっと怖いですよね。

ですから、ケンカの中でも「パパってこういうところがダメなんじゃないの？」「ちょっとやる気ないんじゃないの？」といった相手をたしなめるような内容に関しては、娘がいないときに伝えるようにしています。

やっぱり父親への尊敬は失ってほしくないし、娘ってなんだかんだ父親のことが大好きですしね。

そうそう、パパと子どもの関係と言えば、印象深いできごとがあります。

航平が高校3年生の全日本ジュニアで優勝したとき、観客席にいるわたしの元へ「やっと親孝行できたよ」と握手をしに来てくれました。

そして、夜にあらためて「おめでとう、航ちゃん、すごかったね」とメールを送ったところ、次のような言葉が返ってきました。

**「これでやっと父親と肩を並べることができたよ」**

航平は父親の金メダルを見てオリンピックを目指したことを、覚えていたんですね。

息子と父親の関係には、息子と母親とはまた違う絆《きずな》があるのでしょう。少なくとも航平にとって、父親は明確な「目標」だったようです。

後々、航平がオリンピックで金メダルを獲ったときは、「インターハイの床と跳馬で獲った金メダルを見て、ここまでになるんだね」と、ちょっと2人で笑いましたけどね。

第 5 章

# 勉強・スポーツの能力はこうして伸ばす

30

# 勉強の環境・習慣

少しでも早く習慣づけする

親子の早朝勉強で習慣づけ

佐藤

# 習慣づけは少しでも早く！目指すは息を吸うように机に向かうこと

習慣は、一朝一夕で身につくものではありません。ましてやそれが勉強となれば、なおさらむずかしいでしょう。

だからこそ、「受験を意識してから……」「もう少し大きくなってから……」ではなく、子どもが少しでも幼いうちに身につけさせておくことが大切です。

**目指すは、ごく自然に、呼吸するように机に向かうようになることです。**

我が家の子どもたちは1歳のときに公文式を始め、そこから毎日必ず20～30分プリントに取り組んでいました。それがお風呂や歯磨きと同じように「習慣」になっていましたから、4人とも「やりたくない」と言ったことは一度もありません。

小学校に入ってからも、学校から帰ってくるとすっと机に向かい、その日すべきことに着手していました。

**勉強は子どもが「勉強なんて嫌だ、やりたくない、面倒くさい」と意識するよう**

**になる前に習慣づけることが大切です。**

また、毎日の課題である公文式のプリントで「机に向かう習慣」が身につき、毎日「集中する時間」を持てたのは、中学受験をするうえでも大いに役立ちました。

長男は小学4年生で塾に行き始めたのですが、もしここで勉強の習慣ができていなければ、受験勉強どころか「決まった時間に机に向かう」ところで、まず意志力を使わなければならなかったでしょう。学校の授業＋塾の授業の集中はとても続きませんし、いきなり膨大な宿題をこなすこともむずかしかったと思います（塾に行くのであれば宿題を１００％解いていかなければ意味がない、と私は考えています）。

急に受験勉強を始めるのは、トレーニングなしでフルマラソンを走るようなもの。筋力も持久力も身についていないため、息が上がって立ち止まってしまいます。

勉強にかぎったことではありませんが、習慣づけはなるべく小さいころに始めたほうが本人にとっても無理がありません。机に向かうことが生活の一部になるよう、一日でも早く「勉強の習慣」を身につけさせてあげましょう。

佐藤

# 完全オフは2日まで！習慣を断ち切らないように気をつける

子どもたちを適度に休ませ、適切に遊ばせるのもお母さんの仕事です。

私は、**「子どもは疲れるが、それを自覚したり表現したりできない」**と考えています。ですから、なるべく無理をさせないよう先回りして気を配ってきました。

運動会の次の日など身体が疲れていそうなときや、子どもたちの顔色を見て「しんどそうだな」と感じたときは、思い切って完全オフ。「今日はみんなで学校、お休みしようか」と家の中でのんびり遊んで過ごすのです。

また、私の両親が九州から孫に会いに来る日は、公文式のプリントをやらないこともありました。年に数回あるかないかの「非日常」のイベントなのだから、100％浸ったほうが楽しいと思ったからです。

勉強は、運動やピアノのような分野と違って、1日休んだから計算力が落ちるというものではありません。1日休んでリフレッシュすることで、かえって集中力が増すこともあります。無理をさせて楽しい気持ちに水を差したりするくらいであれば、1

日くらい休ませてもいいと判断していたんですね。

もちろん、休ませるのには勇気が必要です。せっかく勉強の習慣がついたのに、このままズルズルとサボり癖が出てしまうんじゃないか、と不安になりますよね。

私もさすがに子どもが体調不良のとき以外は、**2日以上休ませることはありませんでした。**「勉強が当たり前」の日常に戻れなくなりそうで、怖かったからです。

ですから、夏休みや年末年始だからといって1週間、2週間となにもさせないなんて言語道断。勉強することが習慣になるように、勉強をサボることもまた、習慣になってしまうのです。

それに、子どもは大人と違って、芯から疲れたり疲労が溜まったりすることはありません。どんなに疲れていても、休息は1日で充分でしょう。

長い「非日常」を経て日常のリズムに戻していくのは、子どもにとってもしんどいもの。**サボる習慣がつく前に「いつもの習慣」に戻してあげるのも、子どものためなのです。**

# 点数ではほめない、怒らない

もうひとつ、習慣とはやや異なりますが、お母さんが常に気をつけるべきことがあります。

**それは、テストの点数に対して怒らないということ。同時に、必要以上にほめるのもNGです。要は、結果に一喜一憂しないことを心がけてください。**

とくに、まだ「お母さんにほめられたい欲求」の強い小学生のときは、要注意。必要以上にほめたり責めたりすることで、子どもは「学ぶこと」ではなく点数そのものに執着するようになってしまいます。そうすると、次第にカンニングや答えの書き換えといったズルをし始めます。

そして、そのいい点数を見て親が喜ぶと、もうズルから抜け出せません。ところが、ズルのできない実力試験になると成績は急降下。親はそれを見て激昂。追い詰められた子どもは勉強が嫌いになるばかりか、心を病んでほかの子をいじめだすこともあります（実際にそういうケースを聞いたことがありますが、心が痛みます）。

佐藤家の場合、テストの結果をほめるのは、**「以前できなかったことができるようになったとき」**のみです。

以前は解けなかった図形問題が解けるようになったり、苦手な科目で点数が伸びていたりしたら、「すごい、がんばったね!」「じつはちょっと、理科、得意なんじゃない?」とほめまくっていました。

悪い点数を取ってきたときの声かけでも、子どもの「その後」は変わります。

×**「この点数はなんなの!?」**

↓**「どこができなかったの?」**

(要因を分析させ、しゃべらせる)

↓**「次はケアレスミスをなくそうか。それだけで10点はアップできるから」**

(次を意識させる)

↓**「今回はちょっとテスト勉強、甘かったからね。次は穴がないようにしようね」**

（原因を伝え、次の対策を考える）

×「○○君は何点だったの!?」

↓「次は○点を目指そうね」

（ほかの子の情報は不要。自分の子に集中しましょう）

不必要にけなしたり比較したりせず、次につながるような声かけを意識する。

これをするためには、

「この子はいま、なにを苦手としているか」

「どこのどんな壁にぶつかっているか」

を親が理解している必要があります。

その理解をサボる親は点数や偏差値だけに注目してしまうわけですが、それは子どもを見ていないのと同じです。子どもをしっかり見て、理解したうえで、声をかける。そうすれば、子どもも次を見据えて努力するようになりますよ。

# 親子の早朝勉強で机に向かう習慣をつける

まず、内村家は佐藤家のように「勉強」で勝負している子どもたちではありません。2人とも体操が生活の中心で、はげしい受験戦争とは関係のない場所で生きてきた子たちです。

しかし、わたしが言うと親バカのようですが、2人とも学校の成績はよかったんです。春日に関してはわたしの娘とは思えないくらい「勉強好き」で、成績も常にトップクラス。遠征に向かう移動の飛行機の中でも勉強するような子でした。航平も、勉強好きではないものの、成績はそう悪くはありませんでした。

**航平も春日も「体操だけの子」にはしたくない。**

できれば、成績もクラスで1番を取れるくらいには伸ばしてあげたい、とわたしは思っていました。

勉強ができないことで恥をかかせたくなかったし、なによりスポーツも一流に近づくほど頭を使います。

周りの一流のアスリートを見ても、お母さんがある程度きちんと勉強をさせていた、という方は少なくありません。学業優先とまではいかないにしろ、「スポーツをするうえで頭脳を育てることは大切だ」と認識されている親御さんが多かったのかもしれません。それに、スポーツ選手として現役が終わった後の人生は、思いのほか長いですからね。

では、体操の練習で忙しい毎日の中、どうやって勉強時間を確保していたか。

**内村家は、毎朝起きてから朝食までを勉強の時間にしていました。**朝食がだいたい7時。起きるのが5時から6時。そのあいだが勉強時間です。

夜は21時、ときには22時まで体操の練習をしていたので、終わってから勉強なんてとてもできません。だから、朝少しだけ早く起きて、毎日の学校の宿題やテスト勉強をしていました。

**勉強する場所は、子ども部屋ではなくリビングの食卓です**（朝食は2人の勉強後、机の上を片付けて並べていました）。食卓に3人で座り、子どもたちは勉強に、わたしは指導案の作成など仕事に精を出すのが日課でした。

少しでも朝の勉強が楽しみになるよう、ちょっとした工夫も取り入れました。必ず「おめざ」である小さなお菓子と、子どもたちが大好きなココアを用意。自分にはカフェオレを淹れれば、すっかり「楽しい時間」です。

この朝の勉強タイムは完全に「習慣」になっていたので、2人とも「朝起きてこない」「勉強したくないと愚図る」なんてことは一度もありませんでした。おそらく、「ああ、勉強しなきゃ……」と嫌々机に向かったことはないのではないでしょうか。いつも楽しそうでしたし、わたしも「勉強しなさい！」と叱った記憶がありません。


なぜ3人で並ぶ必要があるのかと言えば、仕事を進めながらも、2人の勉強を見るためです。「ママ、この問題がわからないよ」と言われたら、ちょっと優越感を持って「どれどれ」と見てあげる。学年が上がってきたら、こっそり巻末の解説を読んで「これはね……」と教えてあげる。

子ども部屋でそれぞれ勉強させるなんて可哀想だったし、質問や疑問にすぐに答えるという意味でも、同じように机に向かうのがいちばんいい形だったんですね。

1 心構え 考え方
2 コミュニ ケーション
3 早期～ 幼児教育
4 生活&家族の ルール
5 能力の 伸ばし方
6 本番に 強くなる方法

このように内村家では、中3までわたしがすべての勉強を見ていました。航平が小学校に入ったときに「子どもたちが親元にいる間は自分が勉強を見てあげよう」と決めていたので、**「成績が悪くても子どもたちのせいじゃない、自分のせいだ」**と腹をくくっていたんです。だから、すべきことはきちんとさせました。

日々の宿題は必ず提出させる。塾に行く時間もお金もなかったので「進研ゼミ」で勉強したい科目を本人たちに選ばせ、テスト前はひたすらテスト範囲の問題を解かせる。テストは常に1番を目指す気持ちで取り組ませていました。

航平が小5で「オリンピックに行きたい」と言ってからは、わたしも勉強に関してはやや力を抜いたかもしれません。それでも、中3までは変わらず朝の勉強タイムを続けていました。

航平と春日にとって、**「勉強は習慣、体操は趣味」**だったようです。

勉強のように「毎日しなければならないこと」が負担になると、子どもたちもつらいと思います。そのつらさを感じさせずに済むだけでも、勉強の習慣をつけてあげる意味はあるのではないでしょうか。

# 便利でも「自分流」でなければ取り入れない

朝の勉強タイムでは、勉強を見るのともうひとつ、大切な仕事がありました。それが「鉛筆削り」。しかも電動鉛筆削りではなくカミソリを使って、です。どんなに忙しくても、これだけはわたしが必ずやってあげていました。

じつはこの「手削り」、世界でいちばん尊敬している父が、幼いわたしにしてくれていたことなんです。とてもうれしかったし、「かわいがってもらった」と強く記憶に残っています。だから、「鉛筆はママの愛情よ」と言って、中学校に上がるまで2人分の鉛筆を毎日削っていました。

ところが、あるとき大事件が起きました。わたしがニューヨークへ2～3週間の出張に行っているとき、なんと母が電動鉛筆削り器を子どもたちに買っていたんです！家に帰るとガタガタだった鉛筆が「シュッ」としている。ゴミ箱を見ると、きれいな木くずがいっぱい入っている。

わたし、珍しく怒りました。

「うちはこういうの、必要じゃないの。捨てて！」

母には「これくらいいいじゃない、時間もかからないわよ」と言われましたが、「そういう問題じゃないの！」と頑として受け入れませんでした。だってそれは、「周子流」ではないのですから。

航平と春日に「鉛筆削り器、楽しかった？」と聞いたら「うん」とうなずきました。でも、

「よかったね。でも、ママはこれが必要だとは思わないの。1回使えたからもうよかったね？」

と聞くとまた「うん」とうなずいたので、結局母には悪いなと思いながらも、押し入れにしまい込みました。

いま思えば、子どもたちも「うん」としか言いようがなかったでしょう（笑）。

でも、毎日使う鉛筆から母親の愛情が伝わっていたからこそ、「電動削り器がいい！」とは言わなかったのかな、と思うのです。

わたしがこの年齢になっても父とともに無骨な鉛筆を思い出すように、いつか子どもたちもあの鉛筆を思い出してくれると思っています。

31

# 集中力を鍛える

時間とノルマを伝える

身体を整える

# 時間とノルマを伝え、生活にメリハリをつける

勉強で結果を出すためには、集中力がモノを言います。ただし、なんとなく長時間机に向かわせても、子どもの集中力は鍛えられません。

必要なのは、ゴールを見せること。**「いまからどんな勉強をどれだけするのか」を意識させるだけでも集中力は伸びるのです。**

とくにこれが必要なのは、未就学〜小学校低学年のとき。

この時期の1日の勉強時間はせいぜい公文式を解く数十分程度ですから、あらかじめ「やる量」と「やる時間」をきっちり決めて伝えました。「このプリント10枚を30分でやろうね」と言えば、子どもはゲーム感覚で集中します。

佐藤家では公文式でも受験でも、勉強のときには必ず各々「マイキッチンタイマー」を持たせ、時間を意識させるようにしていました。

**また、「いつやるか」の具体的な時間を伝えることも大切です。**

たとえば日曜日の朝に「今日中にプリントを10枚やろうね」と漠然と伝えた場合、子どもは「いつかやらなくちゃ」と気になりながら一日を過ごすことになります。遊びながらも、頭の片隅でプリントが気になって仕方がないわけです。

それでは遊んでいても楽しくありませんし、メリハリがつかないからいざプリントに取り組むときもなかなか集中できません。

そうならないよう、はじめに「今日は19時から19時半でプリントを10枚やろうね」と具体的な時間を伝えておきましょう。そうすれば「19時までは思いきり遊んでいいんだ！」と子どもも安心できますし、その30分に集中できるのです。集中力を高めるために、生活のメリハリは不可欠です。

さらに、お母さんがやりがちで、気をつけたいこともあります。

たとえばお子さんが10枚のプリントを25分で終えてしまったとき。ここで**「時間が余ったからあと5枚プリントを解いてみよう」と途中で量を増やすのは、絶対にやってはいけないルール違反です。**

「がんばって早く終わらせても量が増えるだけだし……」と子どもは意欲も集中力も

なくしてしまいますし、そうした「契約違反」を重ねると、お母さんに不信感を抱くようになります。

決めた時間よりも早くノルマを達成したのであれば、その分、自由時間に回してあげましょう。そうすれば子どもも、「よし、次は20分でやってみよう！」と集中して取り組むようになるはずです。

その没頭した取り組みの蓄積こそが、「集中力」になるのです。

内村

## 集中力を整えるために、身体を整える

**集中力の基本は、健康な身体です。**

集中に必要なのは、雑音のシャットアウト。そして、心身の不調は雑音として集中を邪魔します。健康な身体あっての集中力です。

航平も春日も、親のわたしが驚くほどの集中力を持っていました。勉強も、ひとつの問題が解けるまでずっと取り組めます。これはおそらく、体操で培われた力でしょう。

しかしわたしは、ひとつだけ後悔していることがあります。

それは、航平のアトピーについて。玄米食に切り替えるといった民間療法だけで治そうとして、だいぶ遠回りをしてしまいました。

航平は小さいころから小学6年生まで、ひどいアトピーでした。髪の毛は抜け、皮膚はボロボロ、ところどころ血が滲《にじ》んで……。なにより、アトピーはひどいかゆみを伴います。そのため、どうしても集中力が削《そ》がれてしまいます。

でも、わたしは強い薬を使うのが嫌で、食べ物や弱い薬でなんとか抑えられないか、試行錯誤していたんですね。

そんななか、小学6年生の航平を連れてカナダに合宿に行くことがありました。ホームステイ先の方がお医者さんだったのですが、アトピーに苦しむ航平を見て、こう尋ねてこられたのです。

「どうして薬を塗ろうとしないんですか？」

「なるべく薬には頼りたくなくて……食べ物でなんとかしたいんです」

そう言うと、彼はこう言いました。

「お母さん、気持ちはわかるけど、それだけじゃいつまで経っても治りませんよ。どうか医者の言うことも聞いてください。この薬を使えば、きっとすぐよくなりますよ。その状態からまた悪化するようだったら、そのとき次のステップを考えましょう。まずは、一度しっかり治すことです」

そうして、薬を処方されました。その薬には抵抗がありつつも、航平はもうひどい状態。背に腹は代えられずに使ってみました。

すると1週間後、帰国した航平を見た誰もが驚きました。あんなにボロボロだった航平の肌はきれいになり、なにより本人がかゆそうにしていないのですから！

そして、その状態から食事に気をつけたり薬を試したりと試行錯誤することで、再び悪化することもありませんでした。

**わたしはこのとき、「しかるべき病院にきちんとかかること」、そして「短期間で勝負をつけること」の大切さを学びました。**

薬を使えば1ヶ月で治るのに、親の思い込みや意地、知識不足で何年間も子どもにつらい思いをさせてしまう。そういうご家庭が、ほかにもあるかもしれません。

もちろん親はよかれと思ってやっているのですが、体調が悪ければ、子どもの集中力は落ちてしまいます。勉強もスポーツも結果を出すには集中力が欠かせませんから、その分、がんばっても遅れを取ります。

航平はアトピーのかゆみと戦いながらも1時間、2時間と同じ技をひたすら練習し続けるという集中力を発揮していましたが、ときどき思い出したように肌をかきむしっていました。もしもっと早く治してあげていれば……と思わずにはいられません。

**お子さんに不調があって、しかもそれが長引いてしまっているのであれば、お母さんだけでなんとかしようとせず、病院などに頼ることも大切です。**

いつでも、「いま」ががんばりどきの子どもたち。それが取り返しのつかない時間になってしまうと、子どもが可哀想ですから。

# 32

# 一流の環境づくり

佐藤ママ

「場」と「ルート」を探す

内村ママ

一流の場所に連れていく

# 「場」があるならそこへ行く。「ルート」があるなら乗る

**どんなに周りに流されずにがんばれる子でも、「目指すゴールにリアリティが持てる環境」をつくってあげることが大切です。**

たとえば、親族に医者が多い子どもが同じように医者を目指すことはよくありますが、これは、医者という仕事がほかの仕事よりもリアリティがある環境にいるからこそでしょう。

受験も同じです。私は大分県の出身ですが、大分県全体で見ても東大理Ⅲにはめったに合格者が出ません。そこで理Ⅲを目指しても、なかなか合格に対してリアリティを感じられない。身近にロールモデルがいないから、「なにを・いつ・どれくらいがんばればいいか」も具体的に考えづらいのです。

一方で、灘高校という「場」では、東大や東大理Ⅲを目指すことが「普通のこと」です。さらに、だいたい毎年20人～25人が東大理Ⅲに合格する、つまり極端に言えば、校内のテストや模試で20人以内に入っていれば合格が見えてくる、ということも

1 心構え 考え方
2 コミュニケーション
3 早期～幼児教育
4 生活&家族のルール
5 能力の伸ばし方
6 本番に強くなる方法

わかります。目指すべき具体的な指針ができるわけです。

そして灘のコミュニティには、実際に子どもが理Ⅲに合格したお母さんたちもたくさんいらっしゃいます。お話を聞くと、「この問題集をこの時期にこれくらいやる」といった具体的な方法を教えてもらえるので、それを自分でアレンジしながら進めることもできます。

さらに、塾もきちんと選べば、すばらしい「場」となります。

息子たちが通った「鉄緑会」という東大受験指導専門塾では、長年蓄積された豊富な合格のノウハウを惜しみなく浴びることができました。「あ、こうすれば合格するんだ」とリアルに感じられることで、子どもたちもより全力でゴールを目指せたことでしょう。

逆に言えば、東大理Ⅲを目指すのであれば、卒業生が誰も東大理Ⅲに合格していないような塾に行ってもあまり意味がありません。そういう塾には合格のノウハウもなければ、体験談もなく、東大理Ⅲに合格することにリアリティを得られないのです。

**また、受験には「ルート」がある場合があります。「ルート」とは、最短距離でゴ**

**ールに行ける道のようなものです。**

たとえば、東大全体で言えば合格者は1学年3000人にのぼりますから、いろいろなルートがあります。全国のさまざまな高校から、さまざまな条件で受験した子が集まるわけですね。

ところが理Ⅲは、1学年100人しか合格しません。この100人に入るには、ある程度決まったルート、すなわち「灘中学校や筑波大学附属駒場中学校などに通い、大学受験の際には鉄緑会に通う」といったルートがあるわけです。先んじて情報収集し、このルートに乗るのも受験のテクニックと言えるでしょう。先の「灘高校で20位以内なら東大理Ⅲの合格が見える」も、ひとつのルートと言えるかもしれません。

ちなみに、娘は京都の洛南高校という進学校に通っていましたが、理Ⅲの現役合格者は年間1人か2人。つまり、学内ではダントツ1位でなければいけないということです。これはルートとしては心もとなく感じました。

洛南高校は京都大学合格者数日本一の学校ですが、一方で東大の合格者数は比較的少ないので、娘は息子3人よりも早めに鉄緑会に通わせ、勉強のスケジュールを組み立てました。それが、東大理Ⅲへのルートに近いと考えたのです。

こうしたお話をすると、「決まったルートに頼って受かっても意味がない」「塾に行かずに学校の授業だけでがんばることが尊い」と言う方もいらっしゃいます。

でも、受験において優先すべきこと、尊いことがあるとしたら「合格すること」。そしてそれによって、子どもが喜ぶこと。それだけだと私は思います。

**目標を達成できるイメージが持てる「場」があるなら、そこに行く。目標に最短距離で行ける「ルート」があれば、そこに乗っかってみる。**

そうした環境を整備することも、受験には必要なのです。

内村

## 一流の場所に連れていき、一流の人に会わせる

「家族はなるべく一緒に行動すべし」は、わたしのポリシーです。選手を大会に引率するときも、遠方で会議があるときも、わたし自身のバレエの勉強で海外に行くときも、できるだけ航平と春日を一緒に連れていきました。

はじめて遠方の試合に連れていったのは、航平が3歳のとき。東京にある名門・朝

1 心構え 考え方
2 コミュニケーション
3 早期～幼児教育
4 生活＆家族のルール
5 能力の伸ばし方
6 本番に強くなる方法

日生命体操クラブにはじめて行ったのも、同じく3歳のときでした。そこから航平は毎年のように試合で日本各地を行脚しましたし、朝日生命体操クラブへは年に何回も連れていきました。

「そんな小さい子を飛行機で連れ回して……」と苦言を呈されることもありましたが、そこも「周子流」。ニューヨークであろうと東京であろうと、お留守番させてバラバラに過ごすより、一緒にいるほうがずっと安心だったんです。

そして航平が10歳で「オリンピックに出たい」と言ったとき、航平はわたしにこう言いました。

「もっともっと練習するから、もっともっといろいろなところに連れていってほしい」

その願いを叶えるべく、航平にとっていい刺激になりそうな場所には、文字どおりどこでも連れていきました。

航平のはじめての海外での試合は、翌年11歳のとき。カナダ合宿のお話をいただいたら即「行きます」と申し込み、「この試合に出ませんか？」と誘われたら、「出ます」と即答しました。いまだから言えますが、借金することだってありました。

もちろん、そこまで親が力を尽くしても、結果が出るか出ないかは誰にもわかりません。むしろ、当時の航平の様子だと、「芽が出ない」可能性のほうが濃厚でした。

でもわたしは、やらせないで後悔するのは嫌でした。

精一杯やらせてみて「ダメだったな」とケジメをつけられるほうがスッキリするかなって思ったんです。だから惜しみなく投資したし、一流の場所に連れていきました。

**一流の場所に連れていけば、一流の人、一流を目指す人と知り合えます。**振り返ってみると、これが航平にとてもいい影響を与えたように思います。

わたしは日本代表の選手だったわけでもなければ、すごい指導者だったわけでもありません。とくに航平が小さいころは、スポーツクラブ内村もまだできたてでしたから、器材も少なく、すばらしい練習環境をつくってあげられたわけでもありませんでした。

だからこそ多少お金がかかっても、航平を取り巻く「人的環境」をいかによくするかに力を入れたのです。

航平は持って生まれた才能があったというより、周囲の全面協力のもと一流の場に触れ続けたからこそ、いまの結果があると言えるでしょう。

環境づくりにはお金はかかるものです。スポーツや芸術はどうしてもそういう側面があります。だから、子ども自身が「これにかけたい」と本気で強く思うのであれば、時間もお金もできるかぎり注ぎ込んであげるしかありません。

親としては大変でしょう。自分を犠牲にすることもあるでしょう。

でも、わたしはそこまでしたからこそ、子育てに後悔がないんです。

航平がオリンピックで金メダルを獲ったからではなく、自分自身が親としてできることを精一杯にやりきったからこそ、ですね。

33

# 学校との兼ね合い

## 必要なら学校は休んでもよい

## 大切なのは「学校を休まないこと」より「結果を出すこと」

学校をなによりも優先させる「学校至上主義」のお母さんは多いですが、私はその姿勢には反対です。

**時間は有限ですから、なににどう使うかは、子どもと相談してお母さんが決めてあげなければなりません。**学校のルールや学校からの要望だからといって、必ずしも優先する必要はないでしょう。

私は、必要だと判断したときは学校を休ませていました。

たとえば高3の冬に受ける東大模試の前は、学校を休ませて家で勉強させたこともあります。東大模試でA判定を取るためにはとにかく過去問を解かなければなりませんし、通学の時間や体調のことを考え、休ませたいと考えたのです。

ほかにも、「発表会前でバイオリンをきっちり仕上げなければならないとき」など、やるべきことがあるときは、遠慮なく休ませていました。

ときどき、子どもに熱があっても登校させるお母さんもいらっしゃいますが、私は**「休まないこと」よりも「結果を出すこと」のほうが大切**だと思います。それは、勉強もバイオリンも同じです。

「皆勤賞」という言葉があるように、学校は「休まないこと」が美徳として語られがちです。でも、それはあくまで世間一般の声。そうした雰囲気に流されて「結果」をないがしろにしてしまっては、意味がありません。

お母さんがあちらにもこちらにもいい顔をしようとして、犠牲になるのは子どもです。**子どもは一人ひとり目指すものや能力が違うわけですから、「学校に行かせておけば安心」ではありません。**

もちろんただのズル休みはよくありませんが、考えて納得したうえで休ませるのであれば、私は大賛成です。なによりも子どもの「健康」が第一なので、そのバランスを考えてください。

# いちばん大切な目標のためなら、学校は休ませることもある

わたしも、目的があるなら学校は休ませていい派です。実際、航平も春日も、体操のために小学校からよく休ませていました。

2人に「今日は学校休もうか？」と聞くと、いつも素直に「うん」。学校より体操が大好きな2人でしたし、「ママは自分たちのコンディションを第一に考えている」とわかってくれていたからでしょう。

小学校時代は、毎年1月5日から8日までクラブ選手の強化合宿だったので、3学期の始業式に出たことは一度もありません。長期休みには大会や遠征が入りがちですから、終業式にもほとんど行けなかったし、夏休み中の登校日も行ったことはないと思います。

そして、夏休みの宿題は毎年突貫工事。8月29日から「さあ、急いで宿題やらなきゃ！」と声をかける始末でした。だって、来る日も来る日も一日中体操に打ち込んでいるし、睡眠時間も食事の時間も削れないし……。もう、机に向かう時間なんてまったくない。毎年、気づけばそろそろ新学期、でしたね。

また、中学校・高校のときは毎年4月に全日本選手権がありますから、新学期にもかかわらず休ませていました。たとえば4月20日に全日本があったら1週間前から休ませて練習し、そのまま遠征に行くわけです。4月は半分も学校へ行けませんでした。

学校行事も同じです。航平なんて本当にマイペースですから、1週間後が高校の修学旅行というときに、突然「行きたくないんだけど……」と電話をしてきたこともあります。

「インターハイが1ヶ月後にあるのに、修学旅行になんて行ってられないよ。俺、今年は狙いたいんだよ」

そこまで航平が本気ならばと、「わかった、ちょっと頼んでみる」と電話を切ったのですが、先生にはめちゃくちゃ怒られました（笑）。「1週間前に言うなんて」って、当たり前ですよね。先生方には、本当にご迷惑をおかけしてしまいました。

内村家の場合、すべての優先順位は「体操が1番」。学校の先生方には申し訳ないことをしてきましたし、わたしも何度となく怒られてきました。

**だからといって、わたしがお利口さんになって学校を優先させていたら、皆勤賞を狙わせたりしていたら、航平はいまのような結果は出せなかったでしょう。**

学校とのトラブルで怒られるのは、親の仕事です。

逆に言うと、親さえ腹をくくってしまえば、子どもたちは自分の好きなことに思う存分集中できるのです。親がいい顔をしたいがために子どもにガマンを強いるなんてしたくありません。

**常識とは違っていても、子どものために捨てるものもある。**

それで後ろ指をさされることになったとしても、割り切るしかないんです。

34

# 余裕の持たせ方

勉強だけにしない

遊び上手になる

# 受験で結果を出すためにも、「勉強だけ」はNG

精神的にゆとりを持った大らかな子どもに、どうすれば育てられるか。私の答えはシンプルで、**「母親自身が心にゆとりを持っていること」**。母親がカリカリしていると、そのストレスは必ず子どもに伝染してしまいます。

これは、受験でも同じ。「とにかく灘・東大以外は考えられない」と必死で、余裕がないお母さんの子どもは結果が出ない傾向にあります。

塾に行く間にちょっと遊ばせたり知的好奇心を刺激したりといった「余裕のあるお母さん」に育てられている子のほうが、結果的に志望校に通るのです。

お母さんが「成績」や「合格」にとらわれ、神経質になり、細かいことに目くじらを立て、すべて管理しようとする――これでは子どもも勉強が楽しくなくなりますし、精神的にも安らげず、かえって力を発揮できません。お母さんのいちばん近くにいて、影響をダイレクトに受けるのは子どもですから。

ましてや、「（子どもが）灘に合格しないと、私の人生が台なし！」と言わんばかりの態度だと、子どもがプレッシャーで潰れてしまうでしょう。

いままでさまざまなメディアに出させていただくなかで、私は「受験至上主義」「ゴリゴリの教育ママ」といった印象を持たれているかもしれません。でも、「やるときはやる」一方で、それ以外の時間はいたって気楽なものでした。

子どもたち4人はいつものびのびと遊んでいましたし、私自身、娘の受験期にすっかり「ポケモンGO」にハマっていましたから（笑）。息子たちも、中学・高校時代は文化祭などの学校行事、そして野球やサッカーなど部活にも精を出していました。

ときどき、「運動部に入ったら勉強に差し障る」と言うお母さんもいらっしゃいますが、私はその考えには反対です。

お母さんがそういうスタンスで子どもを守ってしまうと、いざというときに馬力が出ません。

「運動して身体も疲れているけれど、やらなくちゃいけないことをやる」。その体力を培っておけば、部活を引退したときに余裕のある状態に持っていけるでしょう。なにより、子どもたちには好きなことに打ち込んで青春を謳歌《おうか》してほしいですよね。
また、娘なんて、受験生にもかかわらず私と東京まで航平さんの試合観戦に行ったり（カバンには勉強道具を詰め込み、移動時間や空き時間で勉強していましたが）、夏はリオオリンピックに釘付けになって昼夜逆転生活を送ったり……。私と娘、2人できゃーきゃー言いながら、そして手に汗握りながら航平さんの大逆転劇に声援を送ったものです。
逆に「受験生としてたるんでいる」と思われる人もいるかもしれませんが、メリハリさえつけられるのであれば、それくらいの余裕があってもいいと思います。それに、受験とは比べものにならないプレッシャーを背負いながらも結果を残す航平さんの姿は、受験期の苦しいとき、娘のエネルギーになったことは間違いないでしょう。

**誤解している方も多いのですが、どんな難関校を受けるとしても、すべての「楽しい時間」を削り、禁欲生活をしなければならないわけではありません。**

せっかく楽しいことをたくさん経験できる時代に、子どもを締め付けて娯楽を奪ってもお互いにつらいだけです。

「なにをやるか」が決まっていないお母さんは、目の前のことに一喜一憂し、カリカリしてしまいます。逆に、「なにをやるか」さえ明確にすれば、それ以外については気楽に過ごせると思います。

子どもたちが目を輝かせるたくさんの経験、そしてその経験を積ませてあげられるお母さんの余裕こそが、あとあと成績を伸ばす鍵になるのです。

## 余裕がある子は「遊び上手」

ジュニアでは航平よりずっと結果を出していたのに、だんだん名前を聞かなくなっていった子がいます。航平にふと「あの子、とっても上手だったのにね、どうしたんだろうね」と聞いてみると、

「うん。あの子はね、体操で冒険できないんだよね」

と返されました。「僕は、体操で遊べないとダメだと思う」とも航平は言いました。

**スポーツでは、「遊べること」が大切な素質です。**これはつまり、佐藤さんのおっ

1 心構え 考え方
2 コミュニケーション
3 早期～幼児教育
4 生活&家族のルール
5 能力の伸ばし方
6 本番に強くなる方法

しゃるとおり、「ちょっと余裕がある」ということではないでしょうか。

練習が終わった後に鉄棒でくるんと回って遊んだり、筋トレしたり、ぴょんぴょん跳ねたり、サッカーだったらリフティングしたり、ダンスなら自分で振り付けを考えたり……。練習イコール義務で、「ノルマをこなしたらおしまい」ではなく、その競技で遊ぶ子、楽しめる子が伸びていくわけです。

わたしが中高生のころは、いつも「オリンピックごっこ」をしていました（笑）。わたしはナディア・コマネチ選手の大ファンだったので（いまでも大好きです）、彼女になりきって演技のマネをするわけです。そうしてキャッキャと遊んでいるうちに、自然といろいろな技を覚えてしまいました。

余裕のない人から見るとそれも「練習」に見えるのかもしれませんが、ただおもしろいからやっていただけ。わたしにとっては、あくまで遊びのひとつでした。

スポーツクラブ内村にお子さんを通わせてくださるお母さんの中にも、余裕のない方がときどきいらっしゃいます。ピリピリして、ほかの子と我が子を比べては、結果に一喜一憂する。

そういう方のお子さんは、体操で遊べないだけでなく、やめるとき嘘をつきます。友達にいじめられたとか、先生やコーチに理不尽に叱られたとか……。親はそれを信じて、訴えに来ることもあります。

**こういう去り方になってしまう子は、往々にして練習にきちんと取り組む真面目な子です。**

親も本人も、やるべきことをしっかりやってくる。親御さんも「うちの子をお願いします」と熱心にご挨拶に来られる。

でもいつか、親の余裕のなさ、必死さに子どもの心の糸がぷつりと切れてしまうんです。そしてお母さんに叱られないよう、がっかりさせないよう、誰かのせいにして嘘をついてやめていく。

「がんばれ」
「もっとがんばれ」
「どうしてあれができなかったの」
「なぜこんな成績だったの」

「どうしてあの子に負けたの」

常にそんな声かけをされた子は、「楽しむ心」を失ってしまいます。それは、その道を進む者として致命的だと思います。

ですから、子どもが遊んでいるときは、どんどん遊ばせてあげてください。「そんな不真面目に取り組まないの！」「適当にやらないの！」と叱らないでください。

遊び方を知っている子、余裕のある子でなければ、大きく羽ばたくことはできないのですから。

35

# 塾・指導者の選び方

## 親が責任を持って選ぶ

# 親が責任を持って、「いい先生」がいる塾を吟味する

**子どもの成績は親の責任です。学校のせいでも、塾のせいでもありません。**ましてや、子どものせいでもありません。いい成績を取らせてあげられないのは、親のせいです。

ですから、お母さんは誰かを責めるのではなく、なぜ点数が取れないのかを内省したり分析したりする必要があります。スケジュールの組み方や声のかけ方など、自分のやり方のどこかに工夫する余地がある、と考えるべきなのです。

そのひとつとして、**「適切な指導者（場や先生）を選べているか」**というポイントがあります。

習い事も塾も、「誰に教わるか」は非常に大切です。

私は小さいころからずっとカナヅチでしたが、結婚してから体育大学を出たプロに水泳を習ったところ、数回のレッスンで泳げるようになりました。そのとき、

「しかるべき人に習わなければ能力は伸びないし、逆に、しかるべき人に教わったら能力を伸ばすことができるんだな」

と実感したのです。

では、どうすれば適切な場や先生を選べるか？

**塾は、テキストを見れば優秀な先生がいるかどうかわかります。**テキストはその塾の先生がつくっていることがほとんどですから、つまらないテキストをつくっている先生の授業は、つまらないはずです。必ず入塾前に見せてもらい、自分の目でチェックしましょう。

ポイントは、ただ問題を並べているだけでなく、子どもを一歩ずつ導いていくような問題が組まれているかどうか。

私は浜学園のテキストを見たとき、すぐに「ここにしよう！」と決めました。問題のつくり方からレイアウトの組み方まで、考え抜かれていることが伝わってきたからです（市販の参考書も同じようにお母さんが目を通してみて、「わかりやすい」「うちの子に合いそう」と思うものを選ぶといいでしょう）。

また、テキスト以外で参考になるのが、志望校に合格した先輩のお母さん方のクチコミ。選択肢に挙がっている塾の授業の評判を聞き、判断材料にしてください。

たいして考えずに、「家の近くだから」「友達が通っているから」といった理由で子どもを預けてしまうと、結果が出なかったときに「うちの子とは合わなかった」と塾のせいにしてしまいます。

結果、あらゆる塾にちょっと足を突っ込んではやめ、また次を探す……と繰り返してしまうことになるわけですが、それではまず成績は伸びません。

**塾は親が自分の目で選び、心底納得したうえで預ける。そして一度預けたら、すぐに結果が出なくても焦らずに通い続ける。**習い事と同じで、始めるときが肝心です。

## 親の見る目が大事。大前提は「子どもがその人のことを好きかどうか」

スポーツで一流を目指すなら、当然、一流の方に指導していただく必要があります。現に航平は、本当にコーチたちに恵まれてきました。

しかし、ただ待っていてもいいコーチに指導してもらうことはできません。

**やはり大切なのは、親の「人を見る目」です。**……と言うと偉そうかもしれませんが、わたしは、「この人なら絶対大丈夫」と信頼できる方を探して、航平と春日を預けていました。

試合会場で「あ、あのコーチ、いいな」と思ったら、その場で、「これ、うちの息子です。どうか教えてもらえませんか」

と声をかけてみる。

「今度練習に行っていいですか」と聞き、実際に足を運んだこともあります。

「いいコーチ」と聞くと、みなさん、まずその人の実績を思い浮かべるかもしれませんね。もちろん、実績は大切です。たとえばオリンピックや大きな国際大会で優勝した経験がある方なら、大舞台ならではの戦略を立ててくれるでしょう。

でも、大前提としてわたしが重視していたのが**「子どもたちがこの人のもとで楽しく体操ができるか」。つまり「相性」です。**

厳しいスポーツの世界で「相性」なんて、生やさしいことを言っているように聞こえるかもしれません。でも、子どもがそのコーチのことを好きになれるかどうかで、その後の伸びも大きく左右されるんです。

スポーツ選手といえど、お互いに人間ですからね。どんなに技術や理論に優れていても、嫌いなコーチのもとで嫌々取り組んだところで結果は出ないんです。

この「相性のよさ」は、普段から子どもとしっかり向き合い、子どもの声に耳を傾け、子どもを観察していればわかるはずです。

わたしが見ていて「もったいないな」と感じるのは、働いていらっしゃるお母さんが、自分の仕事の都合（時間帯）に合わせて指導者を選んでいることです。「本当はあそこに通わせたいんだけど……」と後ろ髪を引かれつつ自分の都合で選んでしまうと、後悔することが多いんですよ。

だから、自分はちょっと大変でも、いい指導者だと確信を持ったのであれば、なんとか通わせてあげてほしい。一流を目指す子の親としては、ちょっと子どもを優先させてあげてほしい。

結果を出すためには、親もがんばらなければならないんです。

36

# 謙虚さを育てる

声かけと
環境次第

挫折を
経験させる

# 「点数が取れるくらい、なんてことない」と伝えて井の中の蛙にさせない

佐藤家では小学1年生のときに4年生の問題を解く「3年先取り」を目安にしていました。

このような話をすると「学校の授業を先取りしすぎると学校をバカにするようになる」と言う人もいらっしゃいますが、それは誤解です。

たしかにどんなに成績が優秀でも、天狗になったり、傲慢になったりしてしまっては意味がありません。本人たちの成長にもよくないし、周りも不快になる。謙虚さがなければ、いずれ成績だって頭打ちになるでしょう。

**でも、謙虚になるか傲慢になるかは、その子の優秀さとは関係ありません。お母さんの声かけ、そして環境次第です。**

私は子どもたちに先取りをさせると決めたときから、傲慢な子にならないよう「点数が取れるぐらい、どうってことないんだよ」と言い続けてきました。

学校の授業に関しても、
「すでに知っていることを学校で習ったとしても、その中には絶対あなたの知らないことがあるの。だって、先生の代わりに授業しろって言われてもできないでしょ？　だから、授業をないがしろにしたら絶対にダメだからね」
と教えていました。

**そして子どもを傲慢にさせないためになにより大切なのは、ほかの子と比較しないことです。**

他人と比べられて勉強してきた子は、ほかの子を意識しないと勉強できなくなります。あの子に勝った、負けたといったポジションが指標になってしまうのです。

しかし、最終的に受験は自分との戦いです。「あの子」に勝っても意味はありません。自分のベストの点数を出すことだけが合格につながるのですから。

子どもが学校でほかの子をバカにしたり、偉そうにしていたら、もしかしたらお母さんが「○○ちゃんは何点だったの？」「○○君はもうここまで進んだんだって？」といった声かけをしているのかもしれません。

自分の口ぐせに気をつけてみてください。

また、「環境」について私が驚いたのは、息子の灘中学校のクラスメイトがみんな気持ちのいい性格をしていることでした。優秀な子が集まっているはずなのに、傲慢なところがちっともない。「他人を蹴落とそう」「自分のほうがいい成績を取ろう」という雰囲気がなく、「この参考書がいいよ」と教え合うのです。

そうなる理由はおそらく、灘に通う子どもたちは**「自分より優秀な子がたくさんいる環境を経験しているから」**ではないかと思います。

地元の小学校では「できる子」でも、浜学園のような進学塾に行けば自分より優秀な子ばかりです。灘に入れば、「天才」と呼びたくなるような抜きんでた才能を持つ子がたくさんいます。

そうした環境に身を置くことで「自分なんてまだまだ」という感覚を持てるからこそ、井の中の蛙にならずに済むのでしょう。

お母さんの声かけと、井の中の蛙にしない環境。子どもを傲慢な子に育てないためのこの2つのポイント、ぜひ心に留めておいてください。

内村

# 挫折を経験していれば、有頂天にはならない

ここまでお話ししてきたとおり、体操選手としての航平は小さいときからずっと「優等生ではないほう」でした。「24位まで予選通過の大会で25位」といった、言葉にできないような挫折をたくさん経験してきました。

高2のときにようやく「すごいかも?」と言われ始めるなんて、体操選手としてかなり下積みが長い、そうとうな遅咲きです。

ですから、結果が出始めたとき、わたしたちも信じられませんでしたよ。

高3のときに全日本ジュニアで優勝して、「え?」。

インターハイで2位になって、「へ?」。

もう、心がついていかないくらいでした。

オリンピック候補選手になり、ナショナルチームに入ったのが18歳。17歳からの2年間で「なかなか結果が出せない子」から「日本を代表する選手」へ大変身を遂げ、20歳の世界選手権で初の金メダルを獲得。いまもなお現役で試合に出続け、長崎で凱

旋パレードをすればありがたいことに多くの人が集まってくださいますし、いつもファンの方からの声援に支えられています。

……そんな華々しい20代を過ごすことになっても、航平は有頂天になることも、ほかの選手に対して偉そうにすることもありませんでした。

なぜか。**航平は、選手人生の中で「負けの悔しさ」を存分に味わってきているからです。**それが苦しいときもありましたが、振り返ってみると、航平のためにはよかったと思います。最初から優等生だったら、いまの結果を手にしたときに天狗になっていたかもしれません。

航平がこういう結果になったから言えるのかもしれないけれど、わたし、人間って「ダメな時期」はたくさん経験したほうがいいなって思うんです。そのほうが、いかに自分は周りの人に支えられているのかを実感できるから。

航平を信じてサポートしてくれたコーチたち、「航平はすごい選手になるよ」と声をかけてくれたチームメイト。ケガの多い航平がたびたびお世話になったスポーツドクター。そして、自分で言うのもおかしいですが、家族の存在。

1 心構え 考え方
2 コミュニケーション
3 早期～幼児教育
4 生活&家族のルール
5 能力の伸ばし方
6 本番に強くなる方法

スポーツの世界では、どれだけ挫折を味わっても、はい上がる気力さえあれば上にいけます。そのとき、自分が周りの人からどれだけあたたかい目で見守られているか、助けられているかを感じられるんです。

航平は何度も何度も挫折からはい上がってきたからこそ、「自分はみんなに支えられてここまで来たんだ」と心の底から思えるし、天狗になることもなければ、慢心することもないのでしょう。

わたしは航平に「天狗にならないように」と忠告するようなことはありませんが(必要もないし、うっとうしがられるかなと思っています)、ファンの方のありがたさを伝え、公的な場に出るかどうか迷っているときに背中を押す程度のことはしています。

航平はシャイですから、人前に出るのもインタビューも本来得意ではありません。あるとき、「メディアに出たくない」「イベントに出たくない」とこぼす航平に、「あなたは周りの人に支えられてここまで来られたんでしょう？　その人たちのためにそういう行事に協力することも大切だよ。みんな航平に会えることが幸せなんだよ」

と諭したこともありました。

そういうときは、低い声で「……うん、わかった」。根が素直なんですね。いまでは航平も、自分の立場を理解していると思います。

どうかいつまでも「いまの自分があるのは周りのおかげ、だからできるかぎり周りに返していく」という気持ちを失わずにいてくれれば……と願うばかりです。

第6章

# 試験・試合。「本番に強い子」の育て方

37

# メンタルを強くする

「大丈夫」を積み重ねる

練習を本番、本番を練習にする

佐藤

# 「大丈夫」の蓄積が子どもを救う

本番に強い子の共通点として、まず**「なんとなく自分は大丈夫」という根拠のない自信を持っていること**が挙げられます。多少は緊張するし焦るけど、まあ僕は大丈夫だろう、と受験のときに大きく構えていられることです。

受験本番では、いろいろなことが起こりえます。教室が暑かったり寒かったり、咳が出たり、隣の人の鉛筆の音がうるさかったり……。そんなとき、「まあ大丈夫だろう」と思えるかどうか。咳が出ても「大丈夫」と思える子は気にしないし、「大丈夫かな」と思ってしまう子は、それがハンデになるわけです。

では、どうすれば肝の据わった子に育つか。

**私は、小さいころからの親の「大丈夫」の声かけ、その蓄積がモノを言うと思います。**「大丈夫、○○ならやれるよ！」「この前だって、はじめはできなかったけどできるようになったじゃない？　今回だってできるよ！」といった声かけが、いざ本番というときに「自分はなんとなく大丈夫」という自己肯定感につながるのです。「あなたなら大丈夫」といった言葉で子どもの存在を肯定し、自信を植えつけてあげることが大切でしょう。

これは夫に聞いたのですが、司法試験では、普段はほぼ同じ実力でも、いざ本番になると何回も落ちる人と1回で通る人がいるそうです。その違いはなにかというと、後者は「小学校時代に成績がよかった傾向にある」とのこと。

ただし、ポイントは成績がよかったことではなく、「親からほめられて育ったこと」。小さいときに「ほめられ」の蓄積があると、中高生のときに遊びに夢中になったり伸び悩んでしまったりしても、本気になったときに逆転できる。**「要は、根拠のない自信が育まれていることが大事なんだよね」**と言っていました。

小さいときに「あれができない、これができない」ばかりだと、自己肯定感も低くなってしまいます。「できない自分」のトラウマを植えつけられてしまうでしょう。

いざというときの腹のくくり方を鍛えるために、お母さんができること。それは、**「できた！」という経験をできるだけたくさんさせ、ほめてあげることなのです。**

佐藤

# 「小さな本番」に手を抜かせない

本番に強い子のもうひとつの特徴が、**「小さな本番」に手を抜いてこなかったこと。**つまり、定期試験や規模の小さな模試にも本番と同じくらいの真剣さで臨んできたこと、が挙げられます。

ご存じのとおり、模試は駿台、東進、河合、代ゼミなど予備校ごとに開催されるわけですが、それぞれレベルが異なり、なかには受験者数が非常に少ない模試もあります。受験者数が少ない模試はレベルもあまり高くない傾向にあるのですが、こうした模試でも決して手を抜かせてはいけません。そのレベルの模試で点数が取れない子が、大きな模試でいい結果を出せるはずがないからです。

どんな小さな模試でも、定期テストでも、小テストでも、全力を出さないと受ける意味がありません。レベルが高くない模試なら1番を目指せばいいし、小テストは満点を狙わなければならないのです。

子どもが模試に対して乗り気でなかったり軽く見ている様子だったりしたら、全力で受けるようお母さんが諭してあげましょう。放っておくと、手を抜くクセがついてしまいます。

また、模試はただ実力を測るためだけのものではありません。その場その場で、自分を最高のコンディションに持っていく訓練でもあります。

我が家の4人の子どもも、どの模試も本気で受け、緊張感やメンタルの切り替えなどシミュレーションできたからこそ、本番で力を発揮できたと思っています。

**ちょっとしたことに対する「大丈夫」「すごい！」といった声かけ。**

**そして、常に全力で目の前の問題に向かう姿勢をつくる声かけ。**

お母さんのこの2つの声かけが、18歳の「ここ一番の大勝負」で効いてくるのです。

## 練習以上の実力は、本番では発揮できない

### 「練習のときは、試合の1本だと思ってやりなさい」

## 「試合のときは、練習の1本だと思ってやりなさい」

これは、子どもたちや選手にいつも言っていることです。こうした意識を持つことで、いざ本番のときに「いつもどおりやれば大丈夫」と自分を信頼できるようになります。そして、自分への信頼は、結果を出すためになによりも大切なものです。

体操の試合は一年中、全国でたくさん開催されます。九州大会や国体の予選と決勝、インターハイ、全日本ジュニアの予選と決勝……強い子であれば、外国の試合まで含めると年間20試合ほど出場することも。そこまで強い子でなくても、7～8試合は出場するでしょうか。

こんなにたくさんある試合の中、毎回実力を発揮できる子もいれば、簡単な技ですらミスしてしまう子もいます。いったい、なにが違うのでしょうか?

当たり前のことを言うようですが、わたしは**「実力がなければ本番で結果を出すこともできない」**と思っています。ただし、「本番に強い」とは、火事場の馬鹿力的に「実力以上の力を発揮できること」ではなく、実力を100%出せることです。

結局、人は持っている実力しか発揮できないんです。

**体操で大切なのは、練習における「ノーミスで成功した回数」の蓄積です。**これが、完璧な演技が身体に染みついている、という自信につながります。

そもそも実力に自信がないから必要以上に緊張して身体が強《こわ》ばってしまうわけで、「これだけやったから大丈夫」と自分を信頼できるまで練習を積んでこなかった結果とも言えるわけです。

実際、「練習でも半分くらい失敗した」「前日に風邪を引いてしまった」「あのときの練習は手を抜いてしまった」といった不安要素が心にあると、演技はガタガタになります。頭の中がネガティブなイメージで満たされて、身体が思うように動かなくなってしまう。

だからこそ、練習では不安要素を少しでも減らし、自分を信頼できるまで完成度を上げる必要があります。

ちなみに航平の場合、結果を出すようになってからも本番前にしょっちゅう体調を

崩していました。ですから、かえって、

「前にも試合前に熱を出したな。あのときも調子がよかったし、今回も大丈夫だろう」

と思えるようになっていたようです（笑）。

まあ、これもひとつの自分への信頼。「大丈夫」の形でしょう。

38

# 失敗・負け

模試を活用する

負けは悪いものではない

佐藤

# 模試は「失敗させるため」にも受ける

受験直前の模試は志望校の合格判定という側面が強いですが、**高校1～2年生で受ける模試は「失敗させる」という意味でも非常に大切です。**

東大の入試は2日間続けて行われます。1日目は国語と数学ですが、このどちらかで失敗してしまい、真っ青になって帰ってくる子も少なくありません。心が折れたまま2日目を受け、ボロボロになってしまう子もいます。

そういうときに、「まあ、まだ合否が決まったわけじゃないし」と切り替え、1日目のことを忘れて翌日がんばろうと思える心の強さがあるかどうか。このメンタル力が受験の成否を決めると言っても過言ではないのです。

娘は、兄妹4人の中で、もっとも「引きずらないタイプ」でした。

東大の入試でとくに怖いのは、1日目の数学です。数学は大きく差がつきやすく、失敗すると心理的なダメージも大きいからです。でも、この数学で失敗しても、娘は

「まあいいや、もう答え書いちゃったし」とあっさり次にいけるメンタルの強さがありました（本番では失敗しなかったようですが）。

これは、決して生まれ持った性格の問題だけではありません。意識して早めに受験勉強に取り組み、たくさんの模試を受けさせ、だんだん場慣れしていったからこそ耐性が身についたのです。2日開催される東大模試も、何回も受けました。そのなかで、1日目に「しまった！」と思いながらも、2日目に挽回した経験も積めました。もし、東大模試を1回も受けずに本番の入試を迎えていたら、1日目で失敗してもどうやって切り替えていいかわからないままだったでしょう。

**「失敗しちゃった」と「挽回できた！」をセットに、メンタルを立て直す。**

この経験を積むことができれば、本番のときにも落ち着いていられるはずです。本番に近い形の模試を受けることには、こういった意味もあります。

内村

## 「みんなで一緒にゴール」より、ルールを変えて勝つチャンスをあげる

最近では子どもたちに序列をつけないよう、かけっこで「手をつないでみんなでゴールさせる」といった運動会もあるようですね。でも、わたしはそれに反対です。練習でも試合でも、スポーツの世界では「負けは負け」なのですから。

**そもそも、負けって悪いものではないです。**だって、目指すべき「上」があるってことでしょう。

いま、航平を見ていて思います。「1番になったら、あとは落ちるだけ。ここから先は負けるだけなんだ」と。

ですから、試合に負けて悔しい思いをしているクラブの子たちには「航平、かわいそうでしょう」と言っています。

「金メダルを獲ったらあとは負けるしかないの。わたしはいつか挫折するかもしれない航平をこれから見守っていかなければならないの。人生はたとえ谷底にいても、『ああ、上はいいな』と思えるうちが花なのよ」と。……これ、我が子だから言え

る、本心なんです。

もちろん、いくら「負けは悪いものではない」とは言っても、負け続けることで心が折れてしまう子だっているでしょう。それはかわいそうなことです。

その対処法として、「手をつないでゴール」ではなく**「ほかのやり方で勝つチャンスを与える」**のが「周子流」。負けることもあれば勝つこともある、という状況をつくってあげるんです。

たとえばバスケットボールやサッカーといったチーム競技では、どうしても足を引っ張ってしまう子ができてしまいますよね。そういう子にボールは回ってきませんから、コートの中をひたすらウロウロして時間が過ぎるのを待つしかない……。これもある種の「負け」。本人はみじめになるばかりです。

だったら、「負け」が固定化しないよう、「チーム全員にボールが渡らないとゴールできないようにしよう！」などと、大人がルールを変えてしまえばいいんです。

そうすれば下手な子もボールを触れるし、ちょっといいプレーをしたら「できるじゃん！」と声をかけることだってできる。フェアなルールだから、勝つこともあれば負けることだってあります。そうすることで、それまで負け一辺倒だった子が、勝利の快感も得られるようになります。

「負け」は人間を努力させるし、成長させてくれます。

ただ「負け」を排除してしまうのではなく、負けることをポジティブに伝えたり、ときどき勝てるようなルールに変えてあげたりすることで、子どもはまっすぐに伸びていくのではないでしょうか。

39

# 本番までの準備

スケジュール管理はお母さんの仕事

食事の管理はお母さんの仕事

佐藤

# スケジュール管理はお母さんの仕事

テスト当日や受験本番から逆算し、勉強のスケジュールを立てるのはお母さんの仕事です。考えるべきスケジュールには、**「本番までのざっくりスケジュール」と「その日の綿密スケジュール」の2種類**があります。

まずは、「ざっくりスケジュール」。

1月中旬に行われるセンター試験の攻略を例にしましょう。

スケジュールを立て始めるのは、実際に着手する2ヶ月前。センター試験、たとえば社会の対策は12月1日から始めると決めていたので、10月ごろから計画を考え始めます。どの順番でどの問題を解いていくか計画を立て、シミュレーションし、ノートに書き出す。これを繰り返し、2ヶ月間で磨きあげていくわけです。

すると12月1日には、そのノートを見る必要がないくらいすっかり頭の中に計画が入っています。何回もシミュレーションすることで、自分のやり方を確立させておくわけです。

そして、「綿密スケジュール」。先に作成した「ざっくりスケジュール」を1日ずつすべきことに落とし込んでいきます。

受験期は朝から晩まで真剣勝負でしたから、1分1秒を無駄にしないよう、考え尽くしました。私は毎朝子どもより2時間早く起き、「今日一日こういう流れでやろう」と寝るまでの予定をびっしり書き出すようにしていました。

**ただし、一度決めたスケジュールに固執してはいけません。**

息子たち3人は体力がありましたから、スケジュールを決めたらそのとおりにきっちり進めることができました。7時に起き、7時半から東大の数学の過去問を2時間半解く。少し休憩したら、理科の過去問に取りかかって……といった具合です。

一方で娘の場合、女の子だからでしょうか、前の日の疲れが残っていると「7時だよ」と声をかけてもなかなか起きてこなかったりする。そんなときは無理に起こさず「9時まで寝かしておこう」と考えるわけですが、この2時間を取り戻すためには当日と次の日、ときには1週間単位の細かい微調整が必要になります。

そこで、娘が寝ている部屋の横のリビングで、朝予定を書き留めておいたノートに「この問題は明日のこの時間に動かして、ここの時間を削って……」と修正を書き加えていきました。毎日、本当に細かくスケジュールを組み直したものです。

「ざっくりスケジュール」と「綿密スケジュール」。

2つのスケジュールは、いずれも子ども任せにしてはいけません。子どもは「問題を解くだけ」の状態にしてあげましょう。

佐藤

## 願書は親が責任を持って書く

大学受験に際して、よく「もういい歳なのだから願書は子ども自身が書くべき」と言われますが、私の意見は違います。**絶対に間違ったらいけない、神経を使う願書を書くのは、親の仕事です。**

願書を書くのは、単純作業のようで意外と大変です。こちらとあちらで違うことを書かなくちゃいけないとか、二つ折りにするとか、ちぎって提出するとか……。センター試験と二次試験の願書もありますし、複数の大学を受ける人はその分だけ用意しなければなりません。

こうした作業をする時間は受験生にはありません。ここで「自立」を持ち出すのではなく、**「願書を書く時間をかき集めたら何問解けるか」**と考えなければならないのです。

また、「子どもに書かせたほうが、受験へのモチベーションが上がる」という理由で子ども自身が願書を書くことを推奨する人もいますが、願書を書く時期にモチベーションが……というようでは、合格はむずかしいでしょう。

先にも言いましたが、**受験生には「問題を解く以外なにもさせない」くらいの心構えでいいのです。**子どもが「喉が渇いた」と言えば、お母さんが水を差し出す。勉強を中断して台所に立つ時間を「もったいない」と思わなければならないんですね。

受験期、お母さんは子どものマネジャー兼プロデューサーに徹しましょう。

内村

# 食事の研究、管理は種目に合わせてお母さんが対応する

**アスリートにとって、食事は「基本のキ」です。**

航平たちの普段の食事は、肉や魚、豆腐といったたんぱく質が中心でした。たんぱく質は筋肉を育てますからね、わたしたち夫婦の倍量くらいよそっていました。夫はヨダレを垂らしそうな顔をしていましたが（笑）、そこは「子どもたち優先」。だって、わたしたち大人はいままでおいしいもの、散々食べてきましたから。

たんぱく質をたっぷり食べさせる一方、夜はお米や麺類といった炭水化物は抜くようにしていました。体操選手は体重が100グラム、200グラム重くなるだけでも身体の感覚が違ってきますから、あまり太らせないように気をつけていたんです。

とはいえ、食事制限はむずかしい課題。これは、クラブでの選手指導でもそうです。あまり食事や体重についてうるさく言いすぎると、それがストレスになって摂食障害などを引き起こすこともあります。

ですから、わたしのクラブでは、食べられないことでストレスを溜めさせないよう、あまり体重のことはうるさく言わないようにしています。逆に、「今日食べなきゃ明日動けないよ」と言って、きちんと食べさせることを意識しているくらいです。**とくにまだ成長期が終わっていない子は、身体を成長させるためにも過度な減量は禁物です**（もちろんなんでも食べていいわけではありません。揚げたお菓子のような脂質の高いおやつはNGです）。

お子さんが本気でスポーツを志している場合、お母さんの「食べ物研究」は避けては通れません。

航平は偏食だったので食育に成功したとは言えないのですが、運動や成長に必要な栄養素だけはしっかり取らせていました。種目によってなにを摂取させるべきかも違いますから、研究し、対応してあげてください。

これは余談ですが、本番前だからといって、いつもと違う特別な食事は取らないほうがよいと思います。

春日が中3のころの失敗談です。そのときは、験担《げんかつ》ぎをしたかったのでしょう。試合前に外食したとき、春日は「気合いを入れたい」と言って普段は食べないカツカレーを食べたんですね。そのときの結果が、もう、ボロボロで。

考えてみれば当たり前ですが、体操前にカツカレーは重たすぎたんでしょうね（笑）。それ以来「試合の前にカツのように胃もたれするような食べ物は絶対食べてはいけない」と、いまだに内村家の笑い話になっています。

40

# スランプへの対処法

お母さんの
笑顔と
おいしい
もの

親は
ひたすら
「待つ」

佐藤

# 受験勉強のスランプには、お母さんの笑顔とおいしいものだけ

**まず、勉強にスランプはつきものです。**

実力は、勉強量に比例して右肩上がりに伸びてはいきません。毎日コツコツ努力しても、しばらくは横ばいが続きます。そしてある日突然ポンと真上に伸び、また横ばい……と階段状にカクカクと上がっていくのです。

横ばい状態が長いときは落ち込んでしまいますが、そんなとき、過度な「励まし」はあまり効果がないように思います。結局、本人が乗り越えなければならない問題ですから、親は最大限サポートし、あとは見守ることしかできないのです。

我が家でスランプらしいスランプに陥ったのは、灘中学校受験前の三男でした。成績が低迷するというよりは、いいときと悪いときの差が大きかったのです。A判定を取ったりC判定を取ったりと、なかなか安定しませんでした。

小学生なので自分でストレスを自覚することはなかったようですが、やはり、自分

が行きたい学校の門をくぐっている兄2人の存在がプレッシャーで、それがスランプの原因となっているように見えました。

そんなときに親が、「こんなことで大丈夫なの？」といった不用意な発言をするのは最悪です。本人がいちばん追い詰められているのですから、傷口に塩を塗るようなものでしょう。

そこで私は、決して成績のことは責めず、三男と2人で「これからどうするか」の方針を決めていきました。そしてそれに基づいてメニューを組み立て、ずっと傍でサポートし、暗記や間違いやすい問題の復習といった作業を手伝ったのです。いわば、「手と手を取って苦難を乗り切る」というイメージでしょうか（あとは、食事は三男の好きなメニューを用意して元気づけました）。

また、前述のとおり、受験まで1年を切った段階で大きく体調を崩した長女は勉強ができず、とても焦っていました。そんな彼女に私はひたすら、

「人間、スランプなんてあって当たり前よ。大人だってがんばれないときも、がんばっても結果が出ないときもあるんだから。そんなときは息をするだけでいいの。食べ

たいものを食べて、お水を飲んでいれば生きていけるから」

と伝えていました。

「受験なんかより、あなたの体調、そして人生が大事なんだよ」という声かけは大事だと思います。


実際に、受験はオリンピックと違い一回きりのチャレンジではありませんし、東大だけが大学でもありません。もし本人が「東大にしか行きたくない」と思うのであれば、今年がダメでも受かるまで受け続ければいいだけのことです。

あのとき、もし「この大事な時期に寝てばっかりでどうするの！」と言っていたら、長女は潰れていたでしょう。「ママって私の身体の心配より受験の心配をするんだ……」と深く傷ついていたかもしれません。


**スランプに陥った子どもには、「そんなときもある」「息をしていればいい」と声をかけ、おいしいものを食べさせてあげる。**親の仕事は家をプラスのエネルギーで満たすだけ、なんですね。

# 張り詰めた子どもがホッとするような声かけを

スランプの子どもと、どう接するか。

**親はひたすら「待つ」しかありません。**その子の心が安定するまで、じっと見守ります。

体操の場合、スランプに陥って「もうやめたい」と言ったら、1ヶ月ぐらいは結論を出さずに休ませることも大切です。1～2ヶ月くらい休ませても、ゼロに戻る、なんてことはないですもん。

**むずかしいのは、そのブランクに「親が」耐えることです。**つらいんですよね、子どもが苦しんでいる姿って。

でも、お子さんが落ち着くまで、じっと待ってください。同調して落ち込まないでください。ここで親が自分の感情に負けてしまい、怒ったり投げ出したり自分までふさぎ込んだりすることこそが、子どもの道を閉ざすことにつながります。

わたしはスランプに陥った選手のお母さんには、
「練習を休んでも絶対に叱らないで。この子なら乗り越えられるから」と声をかけたりしますが、すぐに結論を出そうとする親御さんは、ここでガマンができない。「どうするつもりなの！」と、子どもを問い詰めてしまう。そうすると、その子はそのまま体操をやめてしまうことが多いですね。

もしガマンできなそうであれば、「生きていればいい」という思いに立ち返ってみてください。自然と子どもが安心し、ホッと息をつけるような言葉が出てくるはずですよ。

北京オリンピックのとき、航平は大学1年生でようやくきた反抗期のまっただ中でした。あまり口もきかず、試合にも来ないでくれ、と言われていた時期です。

それで、いよいよもうすぐオリンピックというとき、監督から「航平君が全然練習しない」と、苦情というか相談というか、困り果てた声で電話が入ったんです。

慌てて航平に電話しました。いつもはなかなか出てくれないので「今日も出ないかな……」と思ってダメ元でかけたのですが、意外にも「もしもし」と声が聞こえたんですね。

「これはなにかあるな」とピンときました。でも、「調子はどうね?」といつものように声をかけました。

すると、「腰が痛い」とこぼすんです。「痛くて練習できないんだ」と。

航平は滅多に弱音を吐かない子です。その航平が、珍しくSOSを送ってきた。おそらく、オリンピック選手に選ばれたプレッシャーが腰に来たのでしょう。

「いいじゃない、オリンピック、補欠の人と代われば。選ばれただけでママは十分よ。ベンチの航平を応援に行くよ」

わたしは自然とそう伝えていました。

「いまは休めって意味なんだよ、きっと」

そんな言葉を一生懸命伝えると、電話を切るころ、航平ははじめの途方に暮れた声とはうって変わって、「いや、大丈夫。できる」とぽつりと言いました。

親は子どもが大切だし、つい期待してしまうもの。だからこそスランプのときに、

「あなたならやればできるわよ、1番を狙ってがんばって!」

「なんでこのタイミングでケガするの！　自己管理が甘いんじゃないの？」と発破をかけたり叱ったりしてしまうかもしれません。

でも、その役割はコーチや先生に任せて、

「無理しなくてもいいじゃない」

「あなたが元気でいることがお母さんにとっていちばん大切よ」

というスタンスで悠然と構えましょう。そのほうが子どももホッとして、かえって力を発揮できますから。

わたしの知り合いにも、就職活動のときに「なかなか就職が決まらない」と親に電話したら「いいじゃない、新卒で入社しなくても。人生長いんだし、ゆっくり探せば」と言われたことでホッとし、面接にリラックスして臨めたと言っている方がいました。

**子どもが悩んでいるとき、追い詰められているとき。親は「大丈夫」「いいじゃない」「ダメでも死なないんだから」と笑ってあげるくらいが、ちょうどいいのかもしれません。**

1 心構え 考え方
2 コミュニケーション
3 早期～幼児教育
4 生活&家族のルール
5 能力の伸ばし方
6 本番に強くなる方法

41

# 本番直前にやるべきこと

「子どもの動揺」を
少しでも取り除く

佐藤

# 筆記用具を用意するのも、お母さんの仕事

試験直前に、お母さんはどんな声かけをすればいいでしょうか。

まず、中学受験のとき。小学生ではまだ自分で最後の振り返りができませんから、

「単位はちゃんと書いてね」

「国語は文章の最後にマルを書くのを忘れちゃダメよ」

「漢字はトメハネをハッキリ書くのよ」

といった、いつも注意しているポイントを伝えます。

本人たちは「わかってるよ！」と言いますが、最後の確認は大事です。浜学園の先生方も、最後の最後まで「計算は過程を書けよ」とか「問題文はよく見ろよ」、「字はきれいに」としつこいくらいに注意されますからね。


**また、筆記用具の準備もお母さんが責任を持ちましょう。**

たとえば、消しゴム。試験中に消しゴムが落ちたら、試験監督に向かって手を挙

げ、拾ってもらわなければなりません。その時間がもったいないので、消しゴムはできるだけたくさん持っていきます。ペンケースだけでなく、ポケットにも1個ずつ入れておきます。それも、新品で角が尖っていると消しにくいので、お母さんがカッターで事前に角を丸くしておくのです。

鉛筆やシャーペンといった筆記用具も何本も持っていきます。シャーペンの芯が入っているかも、しっかり確認しましょう。

時計もそのときにかぎって電池が切れるかもしれませんから、2〜3個用意します。

**ここまで準備するのは、「なにがあっても子どもが動揺せずに済む」ようにです。**

試験のときにはちょっとした心の揺れが影響してしまいます。できるかぎりスペアを持っておくことで、試験に100%集中することができるわけです。用意した消しゴムを全部使う、なんてことはないのですが、お守りのようなものですね。

大学受験も、筆記用具に関しては、気をつけるべきことは同じです。

さすがに「文末にはマルを書いてね」といった声かけは必要ありませんが、受験番号を書き忘れないように、センター試験や語学選択のマークシートのミスだけはしないように、といったことは直前に伝えました。

大切な試験直前になると親も舞い上がってしまいがちですが、冷静に、ケアレスミスに関する具体的で実務的な言葉をかけてあげましょう。

内村

## 試合前、お母さんは「女優」になり「マネジャー」になる

試合直前の子どもは、ナイーブな状態です。ピリピリして、わざと大きなため息をつきながらテーピングしたり、呼びかけても返事をしなかったり……。

**そういうとき、わたしはまず子どもの気に障るようなことはなるべく言わないよう、少しだけ距離を取るように気をつけていました。**そして、いつもどおりの顔をする。ナイーブな状態であることに気づかないフリをしてあげるんです。ほら、ママは女優ですから。

たった1回の演技ですべてが決まる試合の前。小さい身体でそのプレッシャーを背負っているんです。「なによ、その態度は！」なんて叱れません。

さらに当日は、春日のときは試合前に腕がむくんだり凝ったりしないよう、わたしがすべての荷物を持ってあげていました。選手のバッグはかなり重たいですから、本番前に疲れて技に影響したら嫌だなと思ったんです。

同じように不要なハンデを背負わないよう、子どもたちが爪を切るときなんかも要注意。

「気をつけて切りなさいね、深爪しないようにね」

と、うるさいくらいに言っていました。こういうところは親が神経質に言わないと、「しまった！」があってからでは遅いんです。

**また、100%の実力を出させるためには、子どもが動揺してしまう要素は徹底的に排除することも大切です。**ちょっとしたプレッシャーや環境の変化で、ただでさえナイーブになっている子どものパフォーマンスは大きく落ちてしまうのです。

動揺は、そのままハンデになってしまいます。不要なハンデを背負わなくて済むよう、大会のエントリーから宿の手配、移動手段の確保、食事の用意、当日のタイムスケジュールや声かけなど、お母さんが万全の状態に整えておきましょう。

わたしは子どもたちの「指導者兼マネジャー」でした。普通のお母さんは指導者にはなれないかもしれませんが、マネジャーにはなれるはずです。

**「女優になりつつ、マネジャーになる」**というとなんとも忙しいですが（笑）、とくに本番が見えてからは、子どものフォローに徹してあげてほしいと思います。

42

# 本番中にやるべきこと

親は一人で耐える

佐藤

# 子どもが一人でがんばっているのだから、親も一人で耐える

最後の最後、子どもが受験本番に挑んでいるとき、お母さんはどうするべきか。

**私は、ホテルの部屋にこもってじっとしていました。**

受験生のお母さん方は学校まで子どもを見送り、そのまま試験が終わる時間までランチやお茶をする方が多いようです。でも、私はそうしたお誘いはすべて断ってホテルに直帰し、それ以降は絶対に部屋の外には出ませんでした。

なぜか。まず、私が外をウロウロすれば事故や事件に巻き込まれる可能性が上がるからです。そうなれば、子どもは受験どころではない。それまでの努力は一瞬で無に帰してしまいます。

そしてなにより、遊びになんて行く気になりませんでした。今日という日のために二人三脚でがんばってきたのに、子どもががんばっているときにおしゃべりに花を咲かせるなんて考えられなかったのです。

ホテルの部屋で、なにをするわけではありません。東大受験のときも、長男と次男の灘中受験のときに私の母がくれたお守りを握りしめて（三男と長女のときには母は他界していたので、お守りはこの2つしかありませんでした）、「見守っていてね」と願うばかり。基本的に験担ぎなどしないタイプですが、最後は神頼みしかすることがなくて（笑）。ただひたすら、試験が終わるのを待っていました。

お母さん方とおしゃべりして、気を紛らわしたいという方もいらっしゃるでしょう。でも、子どもも孤独に耐えてがんばっているんです。18年間本気で向き合った子どもと一緒に、最後は自分も一人、耐えてもいいのではないでしょうか。

受験が終われば晴れて「鮭のお母さん」――放流のとき、なのですから。

## 自分の命をあげてもいいから、成功させてあげたい

わたしも、佐藤さんとまったく同じです。

体操の国際大会は開始が比較的遅いことが多く、16時半あたりに始まります。

そうすると、保護者で「午前中、ちょっと観光に行かない？」なんて話が出ることもあるわけです。フランスでの国際大会であれば、「せっかくだからエッフェル塔に行ってから試合を見に行こうよ」といった具合です。

**でもわたしは、これから子どもが演技するというのに、遊びになんて行けませんでした。**

試合が夕方からでも、子どもたちは3〜4時間前には会場に入ります。イメージトレーニングや柔軟、最後の確認……。そして13時くらいから2時間ほど、公式の練習に入るわけです。この間、会場入りできるのは選手とスタッフのみ。我々保護者は入れません。

この会場入りしてからの子どもの心境や緊張を考えると……もう、涙が出そうになって、わたしはいつも昼ごはんが口に入りませんでした。

「ああ、がんばってるんだろうな」

「今日はどんな結果に終わるんだろう」

そんなことを考えながら、亡くなった父の写真を握りしめて「航平が落ちないよう、天国で補助してね」と祈るのみ。神様にも必死で頼みます。

航平のオリンピックのときなどには、

**「航平のすべての不幸をわたしが背負います。わたしの幸せも命も全部差し上げますから、航平の満足いく演技ができるよう、ケガしないよう、天国から補助してください」**

とお祈りしていました。

いちばんつらかったのが、東京で開催された世界選手権のときでした。3連覇への期待がかかっているうえに、日本で開催されることで注目度も高かったのです。応援席の目の前に並ぶ、カメラとメディアの方々。本番前は、もう、口から心臓が飛び出そうでした。航平が負けたときの悲しむ顔。わたしにも向けられるたくさんのカメラ……そういう嫌な映像が頭に浮かんできます。

「逃げ出したい」と本気で思いましたし、航平には「金メダルなんて獲らなくていいよ」と言ってあげたかった。

同時に、「こんな雰囲気の中であの子は演技するんだな」と思うと可哀想で。「航平のがんばりが報われるよう、やっぱり勝たせてください」と祈っていました。だから、金メダルを獲ったときにはうれしいというより、ホッとしましたね。

子どもがいざ本番を迎えるとき、親にできることはありません。ご先祖様や神様に祈ることくらいしか、やることはないんです。

でも、それをしなかったら、いざ航平や春日が失敗したときに「わたしのせいだ」と思ってしまいそうで怖かった。「わたしがエッフェル塔なんかでうつつを抜かしていたからだ」と自分を責めてしまうのは、火を見るより明らかですからね。

**わたしは、航平や春日が勝っても負けても自分が納得できるよう、「わたしの最善」を尽くしていたのかもしれません。**

1 心構え 考え方
2 コミュニケーション
3 早期～幼児教育
4 生活&家族のルール
5 能力の伸ばし方
6 本番に強くなる方法

## 内村周子より、おわりに

子どもが大人になると、親にできることはなにもありません。最終的に彼／彼女の選択に委ね、応援することしかできないのです。

航平は2016年にプロ宣言し、その後リンガーハットに所属することを発表しました。航平がプロになると宣言したとき、スポンサーはまだついていない状況。それでも彼がプロ宣言したということは、「絶対にやる」と決めていたからでしょう。

正直言って、内心、わたしは反対でした。「まだやるの、まだがんばるの」と思ってしまったからです。さらに遠くに行ってしまうようで、寂しかったんですね。ファンの方には申し訳ないのですが、わたし、航平にはいつも「早く引退してほしい」と思っているんです。

でも、そんな思いを知ってか知らずか、航平はわたしに、

「万が一、プロとして結果が出なかったとしても、後悔はないよ。自分で決めたことだから」

と言いました。もう、「そうね」と言うことしかできませんでした。

だって、「自分の道は自分で選びなさい、そして自分で選んだ道は自分で責任を取りなさい」と指導してきたのは、ほかでもない、わたし自身だったのですから。

「だったら、ママはまた航ちゃんを応援するよ」


これまで航平と春日という2人の子どもを一生懸命育ててきましたが、いざ2人が自立すると、「こんなに自分の時間があったのか！」と驚いてしまいます。これからの人生、まだまだ長い。できることはたくさんあるな、と気づかされました。だからこそ、二十数年間、子どもたちにすべてを捧げてきてよかったと思うのです。

子どもはいずれ巣立ちます。そのとき、「ああ、もうやりきった」と思えると、本当に清々しいですよ。

どうか、自分流で子育てを楽しんでください。そして、楽しんでいる姿を、お子さんに見せてあげてほしいと思います。それが将来、お子さんが親になったときの支えになるはずですから。

## 佐藤亮子より、おわりに

今回、内村さんとこうしていろいろなお話をさせていただきましたが、子育てが一段落した私もとても勉強になりました。

母親としてのスタンス、コミュニケーション、早期教育、勉強やスポーツの能力を伸ばす方法、本番に強い子の育て方……すばらしいお子さんを育て上げた「周子流」の子育ては、「なるほど、さすが！」と思わされることばかり。すべてに理由があり、すべてにポリシーがあるんですね。本当に尊敬してしまいます。

そしてあらためて、「お母さんが真心を込めて育てれば子どもは応えてくれるものなんだな」としみじみ感じ入りました。

じつは、末っ子である娘（長女）は「結果を出した兄を持つ妹」という点で春日さんに強く共感していたようでした。内村さんの前著『「自分を生んでくれた人」』（祥伝社）を読んで、「春日さんの気持ち、ちょっとわかるよ」とポロポロと泣いていました（兄のすごさが全然違うけれどね、と2人で笑っていましたが）。

私自身、春日さんと内村さんの葛藤をうかがい、子どもを幸せにすることがどれだけむずかしいことか考えさせられました。

どれだけ一生懸命育てても、思いどおりにはならないのが子育てです。それでも、親は目の前の子と向かい合い、大切に育てていくしかないのですね。

そして、やっぱり育児の主体となるのはお母さん。子どもの基盤をつくり、一生を決めるのは、お母さんの言葉であり態度なのです。

だから、めいっぱい子どもを愛して、なによりも優先してあげてください。

内村さんのおっしゃるとおり、いまこうして4人の子育てが終わってみると、自分で好きに使える時間はたっぷりあります。子どもは本当に、気がつくと手元からいなくなってしまいますよ。

子育ては、いましかないキラキラとした一瞬一瞬の積み重ねです。思う存分味わっていただければと思います。

## 〈著者紹介〉


### 内村 周子（うちむら・しゅうこ）

スポーツクラブ内村コーチ。長崎県在住。

長崎県生まれ。9歳からバレエを、中学2年から体操を始める。純心女子高校体操部を経て、長崎県立大学（当時、長崎県立女子短期大学体育科）に進学後、九州学生体操競技選手権大会で優勝。卒業後に就職した体育教室で出会った内村和久氏と結婚し、1989年に長男・航平、1991年に長女・春日を出産。1992年から和久氏とともに「スポーツクラブ内村」を運営し、体操とバレエを指導している。

現在は、同スポーツクラブでの指導以外にも、「渋谷スポーツ共育プラザ&ラボ すぽっと」でも体操を指導。また、『しくじり先生 俺みたいになるな!!』（テレビ朝日系）、『人生が変わる1分間の深イイ話』（日本テレビ系）など、テレビ出演多数。

著書に、『「自分を生んでくれた人」』（祥伝社）がある。

スポーツクラブ内村
http://sports-uchimura.com/

## 佐藤 亮子（さとう・りょうこ）

主婦。奈良県在住。

大分県生まれ。津田塾大学卒業後、大分県内の私立高校で英語教師として２年間教壇に立つ。その後結婚し、長男、次男、三男、長女の３男１女を出産。長男・次男・三男の３兄弟が名門私立の灘中・高等学校に進学、長女は名門私立の洛南中・高等学校に進学。その後、４人とも日本最難関として有名な東京大学理科Ⅲ類（通称「東大理Ⅲ」）に合格。「東大理Ⅲ４兄妹」という快挙を達成する。

2017年春より、４兄妹全員が通った進学塾である「浜学園」のアドバイザーに就任。全国各地で講演活動中。また、『ノンストップ！』『バイキング』（以上、フジテレビ系）、『人生が変わる１分間の深イイ話』（日本テレビ系）など、テレビ出演多数。

著書に、『「灘→東大理Ⅲ」の３兄弟を育てた母が明かす志望校に合格するために知っておきたい130のこと』（ポプラ社）、『「灘→東大理Ⅲ」の３兄弟を育てた母の秀才の育て方』（ＫＡＤＯＫＡＷＡ）などがある。

佐藤亮子オフィシャルブログ
http://ameblo.jp/ryokosato-todai/

※本書の内容は2017年9月末現在のものです

# 子どもの才能を最大限伸ばす子育て

2017年10月16日　第1刷発行

著　　者　内村周子・佐藤亮子
発 行 者　長谷川均
編　　集　大塩 大
発 行 所　株式会社ポプラ社
〒160-8565　東京都新宿区大京町22-1
電　話　03-3357-2212（営業）　03-3357-2305（編集）
振　替　00140-3-149271
一般書出版局ホームページ　www.webasta.jp

印刷・製本　中央精版印刷株式会社


N.D.C. 379/366P/19cm　ISBN978-4-591-15612-4